La carta turistica KOMPASS 1:50.000, foglio n. 92 «Chiavenna-Val Bregaglia» raffigura l'estremo lembo settentrionale della Lombardia che si protende, a guisa di cuneo, verso la confinante regione elvetica in quella fascia centrale della regione alpina posta a cavaliere tra le Alpi Lepontine e le Alpi Retiche. Nel settore nord-occidentale la Valle S. Giacomo discende dai territori situati a quote elevate nella zona del Passo dello Spluga e del comune di Madesimo. All'altezza di Chiavenna si congiunge la Val Bregaglia, proveniente da est e che si indirizza verso l'al[illegible] svizzera. Presso il margine meridionale della cartografia si estende la porzio[illegible] il confine fisico tra le Alpi Retiche a nord e la ca[illegible]gurato in cartina presenta aspetti di r[illegible]ecchie sono le località di villeggiatur[illegible]che di indole turistica, offrono la poss[illegible]care le discipline preferite nei territori [illegible]ali ed apprezzate basi di partenza. Oltre a[illegible]no le località della Valle S. Giacomo: Campodolcino, Isola e [illegible]ca ed invernale di Madesimo. Nel piano di Chiavenna spicca Samolaco e più giù il lago di Mezzola prelude alla porzione superiore del bacino lariano (vedi anche carta turistica KOMPASS n. 91 «Lago di Como-Lago di Lugano») ove sono visibili, affacciati sul lago, i centri di Còlico e di Gera Lario. Tra le numerose località valtellinesi spicca la cittadina di Morbegno mentre i centri del Comune di Val Màsino (nell'omonima valle) costituiscono ottime basi di penetrazione per escursioni nella regione retica dello Spluga, Piz Badile, Sciora e Disgrazia (vedi anche carta turistica KOMPASS n. 93 «Bernina-Sondrio»).

Sull'opposta riva dell'Adda, in vista del trivio di Fuentes e della parte superiore del lago di Como si distingue il gruppo del Monte Legnone, estrema appendice occidentale dell'interessante catena delle Alpi Orobiche (vedi anche carta turistica KOMPASS n. 105 «Lecco-Valle Brembana»). Sotto il profilo politico ed amministrativo il territorio raffigurato sulla presente cartografia è spartito tra l'Italia e la Confederazione Elvetica (Regione Lombardia, Provincie di Como e di Sondrio - Cantone dei Grigioni). Tra le vie di comunicazione più notevoli, a sud, la statale n. 38 «dello Stelvio» percorre la bassa Valtellina prima di confluire, all'altezza del trivio di Fuentes, nell'alto bacino del lago di Como ove sono convogliati i flussi provenienti dalla Svizzera (Val Bregaglia e Passo dello Spluga) e dalla costiera lariana orientale (strada statale n. 36). Parallelamente a quest'ultima è stata costruita una superstrada che serve a decongestionare l'intensa circolazione stradale nella zona del bacino lariano. La strada statale n. 36 stabilisce un importante collegamento internazionale con la vicina Svizzera. Oltre il trivio di Fuentes la statale risale il piano di Chiavenna, toccando l'interessante, omonima cittadina della Bregaglia e risalendo infine, per Campodolcino e le frazioni del comune di Madesimo, i tornanti del Passo dello Spluga che mette in comunicazione questa parte della Provincia di Sondrio con la cittadina svizzera di Spluga situata nella Valle del Reno Posteriore. All'altezza di Chiavenna si diparte la strada statale n. 37 che conduce in Val Bregaglia alla dogana elvetica di Castasegna. Più oltre, risalendo i tornanti del Passo Maloja, la strada (n. 3 in territorio elvetico) conduce alle amene e rinomate località turistiche ed alle stazioni invernali dell'alta Engadina (Sils, Silvaplana, St. Moritz - vedi anche carta turistica KOMPASS n. 93 «Bernina-Sondrio»). All'altezza di Gera Lario, sulla sponda superiore del lago di Como e non lungi dallo sbocco del torrente Mera, ha inizio la costiera lariana occidentale superiore (strada statale n. 340 d) che si spinge sino Menaggio. Ricorderemo ancora la statale n. 405 che dal piano valtellinese di Morbegno consente di raggiungere Gerola Alta ai piedi della catena orobica e la strada che, sempre da Morbegno, raccorda direttamente la Valtellina alla Valle Brembana attraverso il non sempre agevole Passo S. Marco, 1985 m. Segnaleremo infine la statale n. 404 «di Val Màsino». Nell'angolo nord-orientale della cartina è visibile un tratto della strada statale elvetica n. 3 che collega Silvaplana in alta Engadina all'importante cittadina di Coira situata nella Valle del Reno. Tra le vie di comunicazione ferroviaria ricorderemo, nel settore inferiore della cartina, la linea che attraverso la Valtellina convoglia i traffici provenienti dalla Svizzera (Valle di Poschiavo). La stessa linea, all'altezza del trivio di Fuentes, si raccorda alla linea proveniente dalla vicina Chiavenna, proseguendo infine lungo la costiera lariana orientale sino a Lecco.

L'idrografia ed il sistema delle valli

Per le caratteristiche strutturali di un territorio che esprime una morfologia assai complessa ed articolata, l'idrografia di superficie sulla presente cartina è completa nelle sue multiformi espressioni comprese le manifestazioni di carattere glaciale. Nella porzione nord-orientale della cartografia troviamo l'Adda che attraversa la Valtellina, una tra le più lunghe vallate dell'intero arco alpino, ricca di centri di notevole interesse turistico ed artistico e che presenta significativi pregi di carattere paesaggistico ed ambientale. L'Adda è pur sempre uno dei maggiori tributari del complesso sistema idrografico padano. Questo fiume ha origine nell'alto bormiese (Valtellina superiore) e raccoglie sul suo cammino le acque di molti tributari a regime torrentizio (Frodolfo, Roasco, Poschiavino, Mallero, Màsino, Bitto) prima di sfociare nel ramo superiore del lago di Como, non lungi da Còlico. Altro fiume di significativa importanza, il Mera, scaturisce nell'alta Val Bregaglia svizzera; poco sotto Chiavenna raccoglie le acque affluenti dal torrente Liro proveniente dalla Valle S. Giacomo e attraversa il piano di Chiavenna bagnato un tempo dalle acque del Lario in un'epoca anteriore ai massicci interramenti causati dai depositi e detriti fluviali apportati dalle tumultuose acque del Mera stesso. Poco sotto Novate Mezzola il Mera si getta nel lago di Mezzola per fuoriuscirvi, all'altezza di Dàscio, ove un brevissimo tratto lo separa dalla confluenza nel bacino superiore del lago di Como.

Tra le caratteristiche idrografiche e di spicco sulla presente carta, sono da segnalare due spartiacque di rilevanza continentale. All'altezza del Passo dello Spluga scorre la linea di delimitazione tra il bacino idrografico del Po e quello del Reno, mentre il Passo del Maloja segna la linea di displuvio tra i bacini idrografici del Danubio e del Po. Verso il primo si indirizzano le acque dell'Inn che ha origine proprio sotto il Passo del Maloja dai laghi dell'alta Engadina, mentre il Mera, quale tributario del sistema abduano, è parte integrante del bacino idrografico padano. Da notare, in territorio elvetico, la presenza di due rami originari del complesso sistema renano; il Reno di Madris (Madriser Rhain) ed il Reno di Avers (Averser Rhain). Tra gli altri corsi d'acqua sono da citare infine oltre al già menzionato torrente Liro, altri due affluenti del Mera situati alla sua destra idrografica. Trattasi rispettivamente dei torrenti Crezza e Boggia provenienti dalla Valle della Forcola e dalla Valle Budengo. Nel lago di Mezzola si getta il fiume Codera proveniente dall'omonima valle. Nell'angolo sud-occidentale si osserva un breve tratto di un altro torrente Liro proveniente quest'ultimo dalla valle S. Iorio (vedi anche carta turistica KOMPASS n. 91 «Lago di Como-Lago di Lugano»). Abbastanza nutrita la presenza in carta di laghi e laghetti alpini di varie dimensioni; molti i bacini artificiali i cui capienti invasi vengono utilizzati allo scopo di produrre energia elettrica. Un discorso a sé stante meriterà invece il lago di Como, uno tra i maggiori bacini lacustri del sistema prealpino. Nella porzione superiore della cartografia, al centro del Piano dello Spluga riscontriamo il lago di Montespluga, invaso artificiale, destinato ad alimentare una serie di centrali idroelettriche situate nel comune di Madesimo. Sempre nella stessa zona troviamo i piccoli laghi alpini degli Andossi, di Emet, Nero, Ghiacciato (Svizzera). Un poco più a sud all'altezza di Campodolcino si diparte il sentiero d'accesso alla confinale Valle di Lei ove trovansi il lago di Angeloga, il lago Nero, il lago Caldera, il lago Ballone e l'esteso bacino artificiale di Lei dal quale scaturisce, ancora in territorio italiano, il Reno di Lei. In territorio elvetico si evidenziano il bacino artificiale di Marmorera (Lei du Marmorena), il Lej Grevasalvas, il Lej Nair il Lej da Lunghin, il Lej da Segl, il Lej da Cavloc il Lej da la Duäna, il Lej da Caldera, il Lej da Cam ed il grande invaso artificiale dell'Albigna originato dalle acque di fusione glaciale in una zona orlata di vedrette e ghiacciai. Ancora in territorio italiano riscontriamo, nell'alta valle del Drogo, il bacino del Truzzo il lago Nero, il lago del Forato, il lago Croce, il lago del Fumo. L'alta valle dell'Acqua Fraggia (destra orografica della Val Bregaglia) ospita il lago dell'Acqua Fraggia. Sulle alture situate a sud-est di Chiavenna si distingue il laghetto del Mottaccio. Alle pendici sud-orientali del M. Spluga si trova l'omonimo piccolo lago. Nella porzione sud-occidentale della cartina, nella zona della catena Mesolcina inferiore, osserviamo i laghi di Darongo, di Cavrid e Ledù. Sul versante della catena orobica si distinguono alcuni piccoli laghetti di montagna (lago Scoggione, laghi di Deleguaccio, lago Culino - vedi anche carta turistica KOMPASS n. 105 «Lecco-Valle Brembana»). Per ultimo, anche se di dimensioni abbastanza significative, citeremo il lago di Mezzola che è situato allo sbocco del Piano di Chiavenna, ormai in vista della porzione superiore dell'esteso bacino lariano. È formato dalle acque del Mera che ne è anche l'unico emissario. Il quadro delle acque di superficie è completato da alcune formazioni glaciali che si riscontrano, prevalentemente, lungo la cresta confinale con la Svizzera. Ricorderemo, in senso da ovest verso est, il ghiacciaio di Curcius, del Ferrè, di Furetta, di Niemet, Ponciagna, di Bles, della Sovrana, del Piz Rosso, della Cima di Lago e le vedrette elvetiche da la Trubinasca, dal Cengal, da la Bondasca, da l'Albigna, da Castel (Nord e Sud), da Cantun e del Forno.

Il lago di Como

Terzo per estensione tra i grandi bacini subalpini, il lago di Como, altrimenti denominato Lario, si caratterizza per la sua singolare sagoma che ricorda, a grandi linee, la forma di una Y rovesciata. Esso è formato da tre rami ben distinti; quello detto di Còlico, nella sua porzione superiore e quelli di Como e di Lecco nella parte meridionale. Per estensione perimetrica supera abbondantemente lo stesso Garda e raggiunge pure la massima profondità dei grandi bacini dell'Italia settentrionale (410 m). Conta un notevole numero di immissari quasi tutti a carattere torrentizio ove si eccettuino i due tributari maggiori, l'Adda e la Mera, affluenti del ramo di Còlico. L'unico emissario è l'Adda medesimo del quale abbiamo già trattato. Classico bacino subalpino di chiara impronta glaciale allorché si formò, verosimilmente in età quaternaria, successivamente alle vicende dell'esteso ghiacciaio dell'Adda. Queste ultime influirono sull'intero assetto del territorio brianzolo in genere; ampie tracce di quei grandiosi eventi sono rappresentate dalla presenza dei laghi prima citati, dagli estesi territori morenici e dalla significativa dislocazione di numerosi massi erratici. La presenza del bacino lariano determina favorevoli condizioni climatiche che si ripercuotono beneficamente lungo i centri costieri, i quali godono di un mite microclima lacustre anche nella stagione più rigida. La flora denota caratterizzazioni di tipica impronta mediterranea essendo in questo favorita dalle ottimali condizioni del clima. Non è difficile riscontrare, lungo le sponde lariane, l'olivo e la vite, il pino ed il cipresso analogamente a quanto avviene lungo le rive degli altri grandi laghi subalpini.

Un'ittiofauna particolarmente prospera crea condizioni ottimali per l'economia basata sulla pesca che ben si lega al crescente sfruttamento turistico dei centri della riviera lariana e del suo circondario. Per una raffigurazione cartografica integrale vedi carta turistica KOMPASS n. 91 «Lago di Como-Lago di Lugano».

Orografia e struttura geologica

Il territorio rappresentato sulla presente cartografia presenta caratteristiche orografiche di indubbio rilievo in una fascia di transizione tra le Alpi Lepontine (ad ovest) e le Alpi Retiche propriamente dette (ad est). Nella porzione inferiore della cartina, oltre il solco vallivo valtellinese, si evidenzia un estratto parziale del settore più occidentale delle Alpi Orobiche. Ma la zona di maggiore interesse anche sotto il profilo alpinistico ed escursionistico è quella comunemente indicata quale Màsino-Bregaglia che assieme al gruppo del Disgrazia costituisce un notevole sottogruppo delle Alpi Retiche (vedi anche carta turistica KOMPASS n. 93 «Bernina-Sondrio»). Questa regione montuosa si estende tra la Val Bregaglia e la Valtellina essendo compresa, grossomodo, tra i corsi dell'Adda e del Mera ed i torrenti Màsino ed Albigna. Sotto il profilo altimetrico le vette più elevate superano abbondantemente i 3000 m; tra le cime più significative ricorderemo il Piz Cengalo, 3370 m, il Piz Badile, 3308 m, la Cima della Bondasca, 3267 m, i Pizzi del Ferro (cime sopra i 3200 m) e, in territorio elvetico la Sciora Dadent, 3275 m e la Sciora Dafora, 3169 m. Lungo la catena compresa tra la Val Bregaglia e la Val Codera spiccano il M. Conco, 2908 m, il M. Gruf, 2936 m, il Pizzo di Prata, 3727 m. La propaggine meridionale, che si protende fra la Val Codera e la Val Màsino annovera il Pizzo Porcellizzo, 3075 m, il Pizzo Ligoncio, 3032 m, il M. Spluga o Cima del Calvo, 2845 m. Sotto un profilo più marcatamente geologico hanno la prevalenza rocce di tipo granitico che si distribuiscono lungo la fascia delle vette principali. La zona del Màsino inferiore si caratterizza per la prevalenza di gneiss. In tutta la zona si riscontrarono numerosi aspetti di una forte attività metamorfica suffragata da alcuni costituenti petrografici che caratterizzano questo settore delle Alpi Retiche («ghiandone» e «serizzo»). Gneiss, filladi e formazioni granitiche trovano largo spazio in Valtellina. La complessa struttura dell'orogenesi alpina determina le principali componenti litologiche riscontrabili nel territorio da noi preso in esame. La linea insubrica propriamente detta attraversa la Valtellina in direzione ovest-est, determinando una linea di faglia che separa le Alpi vere e proprie dalla catena orobica e dalle Prealpi. La catena orobica è formata per lo più da cristallino paleozoico ed arcaico intercalato da gneiss, micascisti e filladi; a questi componenti litologici si sovrappongono argille e conglomerati. La porzione orobica raffigurata sulla presente carta presenta anch'essa rilievi di un certo interesse; ricorderemo, da ovest verso est, il M. Legnone, 2609 m, e molte altre vette di questo gruppo tutte sopra i 2000 m (M. Colombano, 2005 m, Punta dei Merli, 2129 m, il Piancone Basso, 2069 m, la Cima di Moncale, 2306 m, la Cima del Cortese, 2427 m, il Pizzo Alto, 2512 m).

Le Alpi Orobie propriamente dette si estendono tra la valle dell'Adda ed il pedemonte bergamasco-bresciano, essendo comprese tra la Val Camonica ad est ed i rilievi che digradano verso il bacino lacustre dell'alto Lario ad ovest. La dorsale orobica è parte integrante del sistema alpino; il profondo solco valtellinese le separa dalle Alpi Retiche propriamente dette (gruppo del Bernina-Disgrazia, vedi anche carta turistica KOMPASS n. 93 «Bernina-Sondrio»), mentre a sud la catena principale si stempera in una serie di rilievi decrescenti che raggiungono il margine superiore della pianura padana e a loro volta sono incisi dai profondi solchi vallivi delle valli bergamasche (Val Brembana, Valle Seriana, Val Cavallina). Nella porzione sud-orientale il sistema montuoso digrada verso la Val Camonica ormai prossima alla confluenza nel bacino dell'alto Sebino. Nella sua porzione più elevata la catena delle Orobie supera i 3000 m. Per una rappresentazione cartografica integrale vedi anche carte turistiche KOMPASS n. 104 «Foppolo-Valle Seriana» e n. 105 «Lecco-Valle Brembana». Nel settore nord-occidentale, lungo la linea di confine con la Svizzera, si osservano tratti della catena Mesolcina (Pizzo Tambò, 3274 m, Pizzo Quadro, 3013 m).

Storia

Un profilo storico, anche se volutamente sintetico, per il territorio restituito dalla presente cartografia non potrà prescindere da alcune valutazioni sulla storia della regione valtellinese che tanta importanza ebbe negli eventi che nel corso dei secoli si sono accavallati in questa fascia dell'alta Lombardia. Qualche nota sulle vicende storiche del Comasco, che compare in carta anche se per una breve estensione territoriale, completerà il quadro di una regione montuosa la cui caratteristica essenziale è stata e rimane quella di essere una zona di frontiera e di transizione verso i Grigioni svizzeri e le popolazioni d'oltralpe in genere.

La Valtellina, per la sua posizione geografica di collegamento tra Rezia e Longobardia, è sempre stata al centro di dispute e di contese tra popolazioni che, nel corso dei secoli, avevano fatto del controllo dei passi retici motivo della propria politica di potenza, in una regione ove è sempre stata molto sviluppata l'osmosi tra gli interessi delle genti germaniche e i vari stati italiani. Già abitata nel II millennio a.C. da popolazioni analoghe a quelle della vicina Valcamonica (come risulta da alcuni graffiti rupestri), la Valtellina conobbe l'avvicendarsi di stirpi forse liguri, certamente etrusche cui fecero seguito i Celti prima della definitiva sottomissione all'impero romano, avvenuta sotto Augusto tra il 16 ed il 15 a.C. Successivamente alla romanizzazione di questi territori, furono iniziati i lavori per la costruzione di una strada che da Como raggiungeva Coira nella regione retica, costeggiando l'allora Lario (lago di Como) passando per Samolaco e Chiavenna, ove si trovava una diramazione, che consentiva il valico delle Alpi per i Passi di Settimo e dello Spluga. Detta strada doveva servire a Roma per consolidare le recenti conquiste in territori posti a nord della catena alpina. Certa è la presenza di nuclei cristiani a partire dal V sec. Al calare della potenza romana si successero le invasioni barbariche che lasciarono il posto al dominio longobardo; successivamente, a partire dall'VIII sec., fu la volta dei Franchi che trovarono stanziamento in quei territori. All'epoca di Carlo Magno il dominio delle valli dell'Adda e del Mera passava sotto la giurisdizione del monastero di S. Dionigi (Parigi) che doveva mantenerlo fino al X sec. allorché il Regno d'Italia cadde sotto il dominio degli imperatori tedeschi. Le prime controversie tra i grandi Comuni nell'età feudale portarono al raggiungimento delle autonomie per molti Comuni valtellinesi, mentre al contempo la politica di potenza degli imperatori germanici mirava sempre di più al controllo dei passi retici, tramite l'ampliamento ed il consolidamento della rete viaria. In seguito tutta la regione risentì dei contrasti tra Guelfi e Ghibellini comaschi fino al ristabilimento della pace, operato d'autorità per mano di Azzone Visconti, che nel 1335 diveniva signore di Como e della Valtellina. La valle dell'Adda venne perdendo così le sue prerogative d'autonomia, eccezion fatta per Bormio e Chiavenna, che pur resistendo all'affermarsi del dominio visconteo riuscirono a mantenere buona parte delle loro prerogative. Successive sommosse caldeggiate dalla parte guelfa, in appoggio all'invasione veneziana, vennero stroncate dal Piccinino con l'ausilio dei Ghibellini valtellinesi. La regione godé di un relativo assestamento sotto il dominio di Francesco Sforza; alla sua scomparsa i Grigioni, che da tempo premevano ai confini, invasero la Valtellina (1486).

Battuti a Caiolo, i Grigioni si ritiravano ottenendo un onorevole trattato di pace; ciò nonostante non abbandonarono le pretese egemoniche sulla Valtellina che occuperanno in pianta stabile nel 1512, senza incontrare resistenze nella popolazione locale che era ancora memore del malgoverno francese di Luigi XII, subentrato in quel di Milano al dominio della Valtellina dopo la cacciata dei Francesi. Il sorgere della potenza di Carlo V, nel 1535, ripropose il problema del collegamento dei possedimenti imperiali della regione germanica con quelli situati nella fascia mediterranea, attraverso le strade ed i passi della regione retica. Successivi eventi di portata europea (guerra dei trent'anni), posero la Valtellina al centro degli interessi di numerosi potentati che vedevano, attraverso il suo possesso, l'unica via di penetrazione per i propri interessi vitali. La regione venne così a recitare un eccezionale ruolo strategico negli anni a cavallo dei secoli XVI e XVII. Un ulteriore fattore destabilizzante fu rappresentato, nel concerto dei contrasti fra le maggiori potenze europee, dal sentimento cattolico delle popolazioni della valle che andava a contrastare le idee protestanti propagate da numerosi esuli, che avevano trovato riparo in Valtellina. Il malcontento popolare verso il potere centrale, che andava ben oltre le motivazioni di carattere religioso esplodeva nella sommossa del 19 luglio 1620, passata alla storia come «Sacro Macello di Valtellina»; i protestanti dovettero cercare scampo nell'Engadina attraverso il Passo del Muretto alla testata della Valmalenco, o attraverso la Val Màsino per il Passo di Zocca. Il periodo che ne seguì (guerra di Valtellina) si inseriva nel contesto di contese dal ben più ampio respiro, che finirono per cacciare la regione in un lungo e sanguinoso periodo di lotte e rovine. È di quell'epoca (1618) la grave catastrofe naturale che si verificò in Val Bregaglia allorché una frana di enormi proporzioni si staccò dal M. Conco, travolgendo l'abitato di Piùro e uccidendo quasi 1200 persone. Nel 1620 gli insorti valligiani, spalleggiati dalle soldatesche spagnole, respingevano il tentativo di riconquista dei Grigioni operato di concerto al sostegno di Berna e di Zurigo. Successivamente (1624-1627) la lega d'Avignone, che riuniva Francia, Venezia e Savoia, riusciva a rimuovere le resistenze spagnole nella valle dopo che erano fallite tutte le altre soluzioni diplomatiche per porre fine all'annosa vertenza. Il contrasto di fondo non si spense neppure in seguito agli accordi di Monzòn che pure posero termine alle operazioni militari; la calata dei Lanzichenecchi, diretti all'assedio di Mantova, e la conseguente pestilenza del 1629-1630 provarono duramente la regione e le popolazioni, da tempo sotto la sferza di ricorrenti eventi negativi. Nel 1635 la Francia interveniva militarmente, per porre un freno alle operazioni spagnole di sostegno agli imperiali in Germania bloccando l'accesso delle strade e dei passi valtellinesi. I soldati d'oltralpe, capitanati dal duca di Rohan, si impadronirono ben presto della vallata per poi essere nuovamente cacciati da Grigioni e Spagnoli, che nel frattempo si erano accordati tra di loro. Gli accordi del Capitolato milanese (3 settembre 1639) restituivano così la Valtellina all'antico padrone, facendo però salvi i diritti della popolazione cattolica. Lo status quo resse abbastanza bene fino alla rivoluzione francese, allorché le idee giacobine rapidamente diffusesi nella regione, spinsero i Valtellinesi a proclamare l'unione della valle alla Cisalpina, evento poi ratificato da Napoleone Bonaparte nel 1797. Alla caduta Napoleonica, la restaurazione operata dal Congresso di Vienna affidava all'Austria il lombardo-veneto ed i territori dell'Adda, che andarono a costituire la Provincia di Sondrio, precedendo le insorgenti rivendicazioni elvetiche, sostenute da parte della popolazione civile. Il dominio austriaco si protrasse per quasi mezzo secolo allorché Garibaldi, alla testa dei suoi «Cacciatori delle Alpi», volgeva in fuga gli Austriaci nel giugno del 1859, con il determinante concorso della popolazione locale, respingendo il nemico oltre il Passo dello Stelvio. Aveva così termine la dominazione austriaca nel lombardo-veneto e nella provincia di Sondrio, durante la quale il governo di Vienna aveva portato una ventata di funzionalità nella pubblica amministrazione ed aveva dato un valido contributo alla realizzazione di opere di interesse pubblico, quali la regimazione dei maggiori corsi d'acqua e la realizzazione delle grandi strade dello Stelvio dell'Aprica e dello Spluga. La regione seguiva quindi le sorti della Lombardia e del Regno d'Italia.

Le prime sedi umane nel sito topografico che accoglie l'odierna Como sono di verosimile impianto preistorico, come suffragano svariate testimonianze di carattere archeologico, nonché la presenza di vicine necropoli databili al primo periodo del ferro. Successivamente cittadella munita dei Galli Orobii, venne conquistata dalle legioni capitoline comandate dal console Q. Marcello (196 a.C.). Colonizzata quale Novum Comum nell'89 a.C., venne acquisendo sempre maggiore importanza nel contesto delle città del piano padano. Giulio Cesare le attribuiva i diritti della «Civitas Romana» a tutti gli effetti nel 49 a.C. La struttura urbanistica dell'antica cittadella romana è evidente nell'impianto planimetrico che ha visto le fortificazioni d'epoca medievale ricalcare a grandi linee l'antico tracciato romano. Al venir meno della potenza romana anche Como conobbe ripetuti affronti perpetrati dalle orde barbariche; successivo dominio longobardo allorché venne inquadrata nel ducato milanese, fu in seguito contea al tempo dei Franchi. Agli inizi del 1100 il libero Comune comasco iniziò una dura lotta con la vicina e potente Milano che si risolverà nella sconfitta e nella distruzione della città. La pace di Costanza (1183) unitamente alla benevolenza del Barbarossa ne consentiranno la ricostruzione e la garanzia di autonomia sul modello degli altri Comuni della Lombardia. Successive faide cittadine tra Rusconi e Vittani, inserite nel più vasto disaccordo tra la parte guelfa e quella ghibellina non impediranno la crescita economica e politica di Como. Nella terza decade del XIV sec. la città entrava a far parte del raggio d'azione visconteo e vi rimarrà per oltre un secolo. Dopo un infruttuoso tentativo di ricostituire una forma di governo repubblicano la città passò agli Sforza (1450) condividendo da allora le vicissitudini di Milano. Nella prima metà del XVI sec. conobbe l'assedio ed il saccheggio di milizie spagnole che stabiliranno un lungo dominio in Como. Assegnata unitamente ai territori milanesi al dominio asburgico in conseguenza degli accordi di Radstadt (1714), farà in seguito parte della Cisalpina, del Regno d'Italia e del Lombardo-Veneto. Duramente provata dalla repressione austriaca al tempo delle guerre di Liberazione nazionale, sarà redenta dalle milizie garibaldine (1859). Successive trasformazioni nella struttura industriale porteranno ad una sempre maggiore crescita dell'attività serica dapprima e di quella meccanica poi. Nell'aprile del 1945 il volgere della guerra partigiana registrava in provincia di Como la cattura e l'esecuzione di Benito Mussolini durante il suo tentativo di fuga in Svizzera.

Come comportarsi durante le escursioni

L'escursionismo in un ambiente naturale quasi incontaminato rappresenta per l'uomo un'esperienza particolare. Se l'escursionista vorrà trovare riposo e soddisfazione è bene che segua alcuni consigli. Le persone inesperte dovrebbero effettuare esclusivamente escursioni facili che, in normali condizioni atmosferiche, possono essere condotte senza l'aiuto di una guida. Escursioni in alta montagna richiedono notevole esperienza oppure la presenza di una guida alpina.

L'equipaggiamento di base di ogni escursionista dovrebbe essere costituito da: scarponi alti con suola di gomma intagliata, vestiario appropriato, zaino, protezione contro la pioggia, farmacia tascabile, protezione solare (crema) e carta turistica dei sentieri e rifugi.

Una lampada tascabile, la bussola e l'altimetro forniscono un'ulteriore sicurezza. Sarà utile, prima di intraprendere un'escursione, informarsi sullo stato del percorso, sulla lunghezza del medesimo e sul grado di difficoltà, senza tralasciare un accurato esame delle condizioni fisiche di ognuno. Inoltre bisognerà considerare attentamente le condizioni atmosferiche ed ambientali chiedendo consiglio anche alla gente del luogo.

Elenco dei Rifugi Alpini

Non ci assumiamo responsabilità alcuna per le indicazioni fornite. Prima di iniziare le escursioni informarsi a valle sul periodo di apertura dei rifugi e sulla disponibilità o meno di alloggiamento. Per gli accessi, le traversate più impegnative e le ascensioni consigliamo di consultare una guida specifica.

Allievi-Bonacossa, Rifugio, 2395 m (D 5), proprietà del C.A.I. di Milano, in alta Val Zocca. Accesso: da S. Martino in Val Màsino sentiero per la Val di Mello, si risale quindi la Val Zocca, ore 5 circa. Traversate: al Biv. Molteni-Valsecchi, sentiero per il Passo d'Averta ed il Passo Qualido, ore 3 circa. Al Biv. Manzi-Pirotta, sentiero per il Passo Val Torrone, ore 2 circa. Escursione al Passo di Zocca, 2749 m, ore 1.30. Da lì al Rif. Capanna da l'Albigna, ore 2 circa.

Bertacchi G., Rifugio, 2196 m (B 1), proprietà del C.A.I. di Milano presso il lago di Emet. Accesso: segnavie da Madesino, ore 2 circa. Traversate: ad Innerferrera (Svizzera) sentiero per il Passo d'Emet, 2294 m, ore 3 circa. A Montespluga, presso l'omonimo lago, segnavie per Andossi, ore 1.30 circa. Ascensione al Pizzo Emet, 3208 m, sentiero in ore 3.30 circa (solo per esperti).

Bottani-Cornaggia, Bivacco, 2327 m (C 7), proprietà del Gruppo Aquile di Morbegno, alle pendici sud-orientali della Cima del Malvedello. Accesso: sentiero da Poira in ore 4 circa. Traversata: alla Capanna Volta (per pernottare è necessario richiedere le chiavi al C.A.I. di Como), si risale alla quota 2636, discendendo in Valle dei Ratti e risalendo alla meta, ore 5 circa. Ascensione alla Cima del Malvedello, 2640 m, ore 1.30 circa.

Brasca Luigi, Rifugio, 1304 m (C 5), proprietà del C.A.I. di Milano in località A. Coeder (Val Codera). Accesso: da Novate Mezzola si segue il segnavie in Val Codera, ore 4 circa. Traversate: al Biv. Pedroni-Del Prà, sentiero per l'alta Val Codera, ore 4.30 circa. Al Rif. Gianetti, sentiero Roma per il Passo del Barbacan, 2620 m, ore 5.30 circa. Al Rif. Omio, sentiero per il Passo dell'Oro, 2574 m, ore 4.30 circa. Al Biv. Valli, sentiero in ore 2.15 circa.

Camanin, Rifugio, 1800 m (A 2), locale privato in località Andossi. Accessi: anche in auto. Segnavie da Madesimo, ore 1 circa. Traversate: Rif. Stuetta, 45 min. Al Rif. Bertacchi, sentiero per Madesimo donde si risale al lago di Emet, ore 2.30 circa.

Capanna da l'Albigna, 2333 m (D 4), proprietà del C.A.S. (Club Alpino Svizzero), sulle alture che dominano l'omonimo bacino artificiale (sinistra orografica della Val Bregaglia svizzera). Accesso: sentiero da Vicosoprano in ore 4 circa. Traversate: al Rif. Capanna del Forno, sentiero per il Pass da Casnil-Dadent, 2941 m, ore 4.30 circa (solo per esperti, attraversamento di ghiacciai). Alla Capanna Sciora, si costeggia il bordo inferiore del bacino dell'Albigna si segue il sentiero per il Passo Cacciabella, 2895 m, si raggiunge la meta in ore 5 circa. Al Rif. Allievi, sentiero per la vedretta d'Albigna ed il Passo di Zocca, 2749 m, ore 3 circa (solo per esperti, attraversamento di ghiacciai).

Capanna del Forno, Rifugio, 2574 m (D 4), proprietà del C.A.S., sotto la Sella del Forno. Accesso: da Plan Canin, ore 2.30 (diff. media). Traversate: alla Cima di Rosso, 3366 m, ore 3 (solo per esperti, difficile attraversamento su ghiacciaio); a Chiareggio per la Sella del Forno e l'Alpe Vazzeda, ore 4. Vedi anche carta turistica KOMPASS n. 93 «Bernina-Sondrio».

Capanna Sasc Furä, 1904 m (C 4), proprietà del C.A.S., in località Sasc Furä. Accesso: sentiero da Bondo (Val Bregaglia svizzera) in ore 2.45 circa. Traversate: Capanna Sciora, sentiero per il Vial, 2250 m, ore 2.30 circa. Al Bivacco Pedroni-Del Prà, per il Passo della Trubinasca, 2701 m, ore 3 circa.

Capanna Sciora, 2120 m (D 4/5), proprietà del C.A.S., in alta Val Bondasca. Accesso: sentiero da Bondo in ore 4 circa. Traversate: Capanna Sasc Furä, sentiero per il Vial, 2250 m, ore 2.30 circa. Capanna da l'Albigna, sentiero per il Passo Cacciabella, 2895 m, ore 4.30 circa.

Casorate Sempione, Bivacco, 2100 m (C 6), proprietà del C.A.I. di Gallarate, riparo alla sinistra orografica della Val Ladrogno. Accesso: sentiero da Novate Mezzola per Codera, Monticello, Mottala, Ladrogno, ore 5.30 circa.

Cecchini G., Bivacco, 2770 m (A 1), proprietà del C.A.I. Vallespluga-Madesimo, riparo in alta Val Loga. Accesso: sentiero da Montespluga, ore 2.30 circa. Ascensioni: Cima di Val Loga, 3003 m, sentiero ore 1 circa. Pizzo Ferrè, 3103 m, sentiero ore 1.30 circa.

Chiara e Walter, Bivacco, 2660 m (B 3), proprietà del C.A.I. di Chiavenna, riparo presso il Passo di Lei. Accessi: da Savogno, sentiero in ore 5 circa. Sentiero dell'Alpe Pian del Nido (Valle di Lei), ore 2.30 circa. Sentiero da Avero per il passo omonimo, 2332 m, ore 4 circa. Traversata: al Rif. Chiavenna presso il lago di Angeloga, si discende in Valle di Lei, risalendo per il Passo di Angeloga, 2391 m, ore 3.30 circa.

Chiavenna, Rifugio, 2044 m (B 3), proprietà del C.A.I. di Chiavenna, in località A. Angeloga. Accesso: sentiero da Fraciscio, si risale la valle del torrente Rabbiosa, ore 2.30 circa. Traversata a Madesimo per la Costa di Fortezza, ore 2.45 circa. Ascensione alla Punta Groppera, 2948 m, sentiero per il Passo di Angeloga, 2391 m, ore 2.45 circa. Traversata al Bivacco Chiara e Walter, sentiero per il Passo di Angeloga, 2391 m, si discende in Val di Lei, risalendo infine all'omonimo passo presso il quale è situata la nostra meta, ore 4.30 circa.

Manzi-Pirotta, Bivacco, 2538 m (D 5), proprietà del C.A.A.I. di Milano, in alta Val Torrone. Accesso: sentiero da S. Martino (Val Màsino) per la Valle di Mello e la Val Torrone, ore 6 circa. Traversate: al Rif. Allievi-Bonacossa, sentiero per il Passo Val Torrone, 2518 m, ore 2 circa. Al Rif. Ponti lungo il sentiero Roma (vedi anche carta turistica KOMPASS n. 93 «Bernina-Sondrio») ore 4.45 circa.

Molteni-Valsecchi, Bivacco, 2510 m (D 5), proprietà del C.A.I. di Como, in alta Valle del Ferro. Accesso: da S. Martino (Val Màsino), sentiero per la valle del Ferro, ore 5 circa. Traversate: al Rif. Gianetti, lungo il sentiero Roma per il Passo Camerozzo, 2765 m, ore 3 circa. Al Rif. Allievi-Bonacossa, lungo il sentiero Roma per il Passo Qualido, 2647 m, ed il Passo d'Averta, ore 3 circa.

Omio A., Rifugio, 2100 m (C 6), proprietà della S.E.M. di Milano, sulle alture che dominano la località Bagni del Màsino. Accesso: sentiero da Bagni del Màsino, ore 3 circa. Traversate: al Rif. Brasca, sentiero per il Passo dell'Oro, 2574 m, ore 4 circa. Al Rif. Gianetti, sentiero per il Passo del Barbacan, ore 3 circa. Ascensione alla Cima del Barbacan, 2598 m, sentiero in ore 2 circa.

Pedroni-Del Prà, Bivacco, 2592 m (C 5), proprietà del C.A.I. di Novate Mezzola, riparo alla testata della Val Codera nella zona della Trubinasca. Accesso: sentiero dall'Alpe Coeder (nei paraggi il Rif. Brasca, vedi ivi), ore 4 circa. Traversate: al Rif. Gianetti, sentiero per il Passo Porcellizzo, 2862 m, ore 2.30 circa (solo per esperti, passaggi su ghiaccio e roccia). Alla Capanna Sasc Furä, sentiero per il Passo della Trubinasca, 2701 m, circa 3 ore.

Petazzi B., Bivacco, 2248 m (A 6), proprietà del C.A.I. di Dongo, riparo presso il lago Ledù. Accesso: sentiero da Livo, si percorre in parte la Via dei Monti Lariani, risalendo poi la Val Darengo dove, all'altezza di Borgo si risale per Stabiel, ore 6 complessive circa. Ascensione al Motto Rotondo, 2452 m, 45 min. circa. La traversata al lago di Darengo richiede circa 4.30 ore.

Redaelli A., Bivacco, 3300 m (C 5), proprietà dei Ragni di Lecco, presso il Piz Badile. L'accesso, come le traversate e le ascensioni, è riservato esclusivamente ad esperti alpinisti.

Roccoli dei Lorla, Rifugio, 1463 m (B 9), proprietà del C.A.I. di Dervio, locale sulla cresta montuosa tra il M. Legnone ed il M. Legnoncino (vedi anche carta turistica KOMPASS n. 91 «Lago di Como-Lago di Lugano»). Accessi: anche in auto da Tremenico, sentiero da Villatico, ore 4 circa. Sentiero da Sommafiume, ore 1.30 circa. Traversate: al M. Legnone, 2609 m, ore 3 complessive circa (solo per esperti); al M. Legnoncino, 1714 m, ore 1 circa.

Ronconi T., Bivacco, 3169 m (D 5), proprietà del Gruppo Edelweiss di Morbegno, presso il Passo di Bondo. L'accesso è dal Rif. Gianetti; si percorre dapprima il sentiero Roma, si risale quindi lungo scarse tracce, ore 2.45 circa.

Scotti, Rifugio, 1500 m (D 6), locale privato, in Valle di Sasso Bisolo. Accesso: anche in auto o lungo il sentiero da Cataeggio in Val Màsino), ore 2.30 circa. Per la traversata al Rif. Ponti vedi anche carta turistica KOMPASS n. 93 «Bernina-Sondrio».

Stuetta, Rifugio, 1870 m (A 1), locale privato in località Stuetta. L'accesso è dalla strada statale dello Spluga o per sentiero da Madesimo, ore 2 circa. Traversate: al Bivacco Cecchini passando sotto la diga del bacino artificiale di Montespluga e percorrendo il sentiero in Valle Schisarolo, ore 3.30 circa. Al Rif. Bertacchi, sentiero, ore 1.30 circa,

Suretta, Bivacco, 2748 m (A 1), proprietà del C.A.I. di Vallespluga, presso il margine sud-occidentale del ghiacciaio di Suretta. Accesso: sentiero da Montespluga, ore 2.30 circa. Traversata al Rif. Bertacchi per il Passo di Suretta, 2580 m (confine di Stato), si costeggia il lago Ghiacciato, rientrando quindi in territorio italiano e raggiungendo il lago di Emet ove trovasi il Rif. Bertacchi, ore 3.30 circa,

Valli C., Bivacco, 1870 m (C 6), proprietà del C.A.I. di Como, riparo in località A. Arnasca. Accesso: da Novate Mezzola, si percorre il sentiero in Val Codera, risalendo infine per la Val Spassato, ore 5 complessive circa. Traversate: al Rif. Brasca, sentiero in ore 1.30 circa. Al Rif. Omio passando per il Rif. Brasca ed il Passo dell'Oro, 2574 m, ore 6 circa.

Confini Amministrativi 1:500000

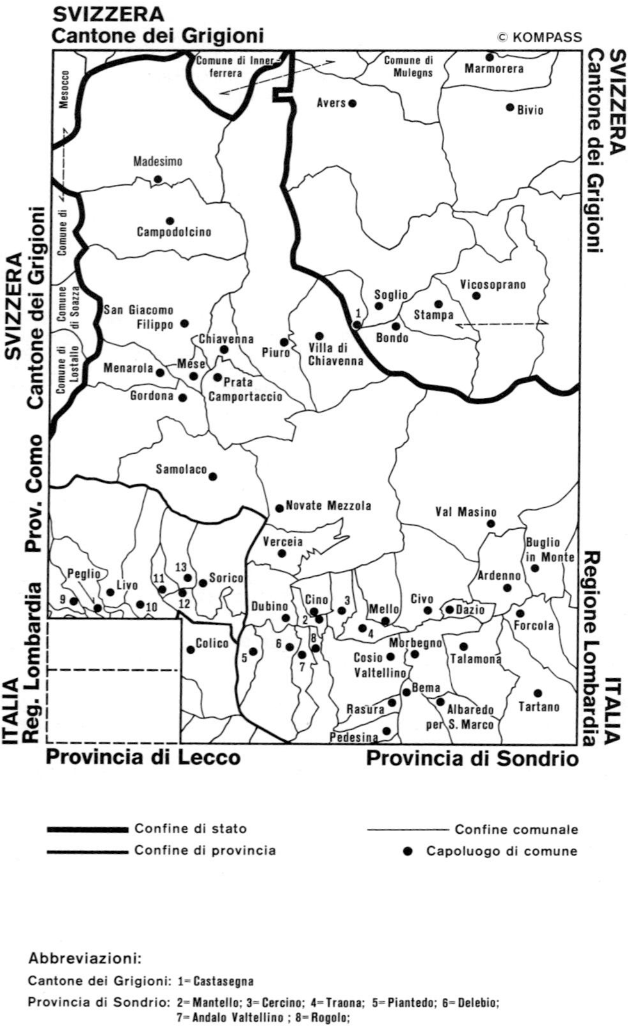

Abbreviazioni:

Cantone dei Grigioni: 1=Castasegna

Provincia di Sondrio: 2=Mantello; 3=Cercino; 4=Traona; 5=Piantedo; 6=Delebio; 7=Andalo Valtellino ; 8=Rogolo;

Provincia di Como: 9=Dosso del Liro; 10=Vercana; 11=Trezzone; 12=Gera Lario; 13=Montemezzo

ARDENNO

Comune (D 7), Prov. di Sondrio, abitanti: 3018, altezza s.l.m.: 266 m, CAP: 23011. **Informazioni:** Municipio di Ardenno. **Stazione ferroviaria:** Ardenno.

L'antico borgo valtellinese di Ardenno è ubicato in felice posizione geografica sulla strada «Valeriana», non lungi dallo sbocco della Val Màsino. Per le sue caratteristiche strutturali e d'ambiente ebbe un ruolo importante fin dal Medioevo, allorché fu a capo di un ampio pievanato. Ivi venne concordato un accordo tra Milanesi e Grigioni (seconda metà del XV sec.) dopo la battaglia di Caiolo. Nella prima metà del Cinquecento la località subiva gravi danni in conseguenza di un disastroso movimento franoso. Nel 1400 vi si stabilirono esponenti della casata dei Parravicini che tanta parte ebbero, in epoca successiva, nella lotta contro i Grigioni. La località conobbe, fin dai secoli scorsi, forti movimenti migratori. Ardenno ha oggi un'economia a prevalente indirizzo industriale ed artigianale, mentre è molto ridotta l'agricoltura e l'attività connessa all'allevamento del bestiame. Discreta è la vitivinicoltura.

Curiosità del luogo e dintorni

La **collegiata di S. Lorenzo**, è una costruzione antichissima; l'attuale corpo di fabbrica sorse sul volgere del XV sec. e venne posteriormente rimaneggiato. Il **campanile**, di probabile origine romanica, fu successivamente ristrutturato. L'interno accoglie interessanti espressioni artistiche. Il **palazzo Visconti-Sforza**. Il **Palazzo Zaccaria**. Il **palazzo Parravicini-Sabini** (XVII sec.). A Biolo, la **chiesa di Santa Maria Assunta**: l'affresco della Natività sulla facciata è del XV sec. A Pioda, il **Santuario di S. Gottardo**, degli inizi del XVIII sec.

Passeggiate ed escursioni

Alla Cima di Granda, 1705 m, sentiero da Erbolo (fin lì in auto), ore 2; oppure da Our di Cima, ore 1.30 circa. A Cataeggio in Val Màsino (base di partenza per numerose escursioni) si percorre in parte l'itinerario precedente, scendendo a Cataeggio per Baite Tajada e Baita Motale, ore 5.30 circa.

AVERS

Comune (BC 1), Cantone dei Grigioni, abitanti: 128, altezza s.l.m.: 2000 m, Codice Postale: CH 7447 GR. **Informazioni:** Avers Tourismus. **Stazione ferroviaria:** Thusis (30 km).

Là ove la Val Madris, percorsa dalle acque del Reno di Madris, si congiunge alla valletta solcata dal Reno di Avers, si estendono i nuclei insediativi che compongono la località elvetica di Avers Cresta. I pittoreschi villaggi, che si spingono in quota, costituiscono piacevoli mete per trascorrervi la villeggiatura o per partire alla volta di interessanti ma impegnative escursioni.

Curiosità del luogo e dintorni

L'elevato **villaggio di Juf**, il più alto (2126 m) insediamento europeo abitato tutto l'anno; l'antica **chiesa** di impronta tardo-romanica è affiancata da un campanile della seconda metà del XVIII sec. All'interno affreschi quattrocenteschi. **Podestatsch Hus**, secentesca residenza di un podestà valtellinese.

Passeggiate ed escursioni

Ai laghi Bandseen 2599 m, sentiero da Cresta, ore 2.30 circa. Traversata a Soglio in Val Bregaglia svizzera: si percorre il sentiero dall'Alp Sovrana (alta Val Madris) che risale verso il Passo della Prasignola, 2724 m, si scende quindi alla meta ore 6.30 circa. Al lago da Caldera, 2576 m, sentiero da Juppa per Bergalga ed il Bergalgapass, 2790 m, ore 3.30 circa. Alla forcella da Faller, 2838 m, sentiero da Juf, ore 2.30 circa. Traversata a Bivio per lo Stallerberg, 2579 m, sentiero da Juf in ore 3.30 circa. Traversata a Casaccia (alta Val Bregaglia svizzera), sentiero da Juf per la Fuorcla da la Valetta, 2586 m, si prosegue per la Forcellina, 2672 m, si raggiunge il Septimerpass, 2310 m, donde si discende alla meta, ore 6 circa.

BIVIO

Comune (D 1), Cantone dei Grigioni, abitanti: 223, altezza s.l.m.: 1769 m, Codice Postale: CH 7457 GR. **Informazioni:** Ufficio Turistico (Verkehrsverein), Bivio. **Stazione ferroviaria:** Tiefencastel (25 km). **Impianti di risalita**: skilift.

L'insediamento sorge in quota, sul fondo di un elevato vallone, al crocevia di un'antica strada alpestre che, attraverso il Passo del Settimo (Septimerpass), congiungeva il vallone della Gelgia alla porzione superiore della Val Bregaglia. Il curioso toponimo di Bivio (Beiva nell'etimologia retoromancia) sta appunto a significare questa collocazione geografica. La popolazione locale presenta nella parlata espressioni dialettiche affini all'italiano; la località presenta caratteristiche favorevoli per ospitare i villeggianti, gli appassionati degli sport invernali e gli escursionisti che da Bivio possono partire alla volta di piacevoli e remunerative escursioni in un incontaminato contesto ambientale e paesaggistico di notevole livello.

Curiosità del luogo e dintorni

La **chiesa parrocchiale** è intitolata a S. Gallo ed ospita pregevoli opere lignee cinquecentesche. In località Marmorera, l'omonimo **invaso artificiale**. I ruderi dell'antico **castello di Marmorera** (1100 circa). Le rovine di una **torre** coeva, denominata Spliatsch.

Passeggiate ed escursioni

Traversata a Casaccia in alta Val Bregaglia, sentiero per il Septimerpass, 2310 m, ore 4.30 circa. A Marmorera, sentiero per Guet da Beiva e Natons, ore 1.30 circa. Alla Roccabella, 2731 m, sentiero per Tua, Fumia ed Emmat, ore 3 circa. Allo Stallerberg, 2579 m, sentiero in ore 2.45 circa. Traversata a Juf, sentiero per la Valletta da Beiva e la Fuorcla da la Valetta, 2586 m, ore 5 circa.

BONDO

Comune (C 4), Cantone dei Grigioni, abitanti: 161, altezza s.l.m.: 823 m, Codice Postale: CH 7606 GR. **Informazioni:** Municipio di Bondo. **Stazione ferroviaria:** Chiavenna (12 km), St. Moritz.

La località si estende alla sinistra idrografica della Maira, là ove quest'ultimo riceve i tributi del torrente Bondasca proveniente dall'omonima valle. Il villaggio della Bregaglia elvetica, oltre a rappresentare un'ideale base di partenza per gli escursionisti o per scalate di alta montagna, presenta interessanti connotati architettonici e edilizi.

Curiosità del luogo e dintorni

La romanica **chiesa di S. Martino** accoglie pregevoli affreschi della seconda metà del XV sec. Numerose e tipiche **residenze** (sec. XVI-XVIII) tra le quali spicca il **palazzo Salis** (seconda metà del XVIII sec.) i cui interni sono riccamente adornati ed ospitano opere di noti artisti della pittura. Ottocentesca **chiesa di Nossa Donna** in località Promontogno. Antica **torre romana**.

Passeggiate ed escursioni

Alla Capanna Sasc Furä (vedi ivi), sentiero per la Val Bondasca; a Laret si volge a destra raggiungendo la meta in ore 2.45 circa. Alla Capanna Sciora (vedi ivi) si risale la Val Bondasca sino al piede dell'omonimo ghiacciaio ove trovasi il rifugio, ore 4 circa. Traversata al Biv. Pedroni-Del Prà, sentiero per Brégan, Vöga, Cänt, A. Tegiola, si risale alla Bocchetta della Tegliola, 2490 m, da dove si raggiunge la meta, complessivamente ore 7 circa. Passeggiata a Promontogno, 15 min. circa.

CAMPODOLCINO

Comune (A 3), Prov. di Sondrio, abitanti: 1108, altezza s.l.m.: 1071 m, CAP: 23021. **Informazioni:** Pro Loco di Campodolcino. **Stazione ferroviaria:** Chiavenna (12 km). **Impianti di risalita**: funicolare, seggiovia, skilift.

Apprezzata stazione di soggiorno estivo e frequentato centro per la pratica delle più diffuse discipline della neve, Campodolcino è situato nella Valle S. Giacomo alla sinistra idrografica del torrente Liro, presso la confluenza del torrente Rabbiosa proveniente dall'omonima valle.

Gli estesi prativi del fondovalle sono contornati dalle incombenti pareti rocciose. Verosimile insediamento di impianto romano, venne citato quale Tarvessedo in un'antica tavola itineraria. La località, felicemente contornata da dintorni di notevole livello paesaggistico ed ambientale, è infine una comoda base di partenza per gli escursionisti, i camminatori e gli appassionati della montagna in genere.

Curiosità del luogo e dintorni

La **chiesa parrocchiale** è intitolata al Battista e annovera opere d'arte dei secc. XVII/XVIII. Pregevole dipinto quattrocentesco nella casa parrocchiale. La **Madonna d'Europa**, statua dalle sembianze dorate che domina l'altipiano di Motta. La «**Caurga**» (canyon) del Torrente Rabbiosa, che rientra nei Monumenti Naturali della Regione Lombardia.

Passeggiate ed escursioni

Al Passo del Servizio, 2584 m, sentiero da Pietra per A. del Servizio, ore 5 circa. Al Biv. Chiara e Walter al Passo di Lei, 2660 m, sentiero da Fraciscio per Gualdera, A. di Bondeno, Avero, Piangesca, da dove si risale alla meta, complessivamente ore 8/9 circa. Al Rif. Chiavenna (vedi ivi), sentiero da Fraciscio, ore 2.30 circa. A Motta, 1725 m, sentiero da Fraciscio, ore 1.30 circa. Alla Punta Groppera 2948 m, sentiero da Fraciscio per la Costa di Fortezza, ore 5 circa. A Madesimo, 1560 m, sentiero per Piano del Lanzo, ore 1.30 circa.

CASTASEGNA

Comune (C 4), Cantone dei Grigioni, abitanti: 176, altezza s.l.m.: 690 m, Codice Postale: CH 7608 GR. **Informazioni:** Municipio di Castasegna. **Stazione ferroviaria:** Chiavenna (10 km).

Località confinale della Val Bregaglia elvetica. Vi ha sede la dogana. L'abitato si adagia lungo le rive della Maira alla confluenza delle valli Casnaggina e Luver. Le soleggiate pendici della Bregaglia offrono piacevoli spunti di carattere escursionistico.

Curiosità del luogo e dintorni

La piccola **chiesa di S. Giovanni Battista** dalle evidenti tipologie romaniche. La **chiesa riformata di S. Trinità** (seconda metà del XVII sec.) restaurata nel 1974. Il bellissimo **castagneto di Brentan** col percorso didattico.

Passeggiate ed escursioni
Al Passo della Prasignola, 2724 m, sentiero per Soglio, Curtinac, Dair, Leira, ore 6 circa (la prosecuzione dell'escursione in Val Madris è lunga e faticosa). Traversata al Biv. Pedroni-Del Prà per la Bocchetta della Tegliola, 2490 m, ore 8 circa. In località Lera d'Sura, 1894 m, sentiero per Casnac, Ceresc e Cänt, ore 4.30 circa. Al Passo da la Duana, 2694 m, sentiero per Soglio e Tombal da dove si risale alla meta, ore 6 circa.

CHIAVENNA

Comune (B 4), Prov. di Sondrio, abitanti: 7365, altezza s.l.m.: 333 m, CAP: 23022. **Informazioni:** Azienda di Promozione Turistica di Chiavenna, Consorzio Turistico Valchiavenna. **Stazione ferroviaria:** Chiavenna.

Cittadina sulle vie d'accesso alla vicina Confederazione Elvetica, Chiavenna si estende, alle opposte sponde del Mera, là ove la Valle S. Giacomo confluisce nella Val Bregaglia. Tutto attorno l'orizzonte ci mostra i profili di elevate montagne. La località, dotata di una discreta infrastruttura industriale con presenza di un attivo terziario, è una rinomata stazione turistica e di soggiorno, senza dubbio il centro principale della Val Bregaglia italiana e del bacino del Mera. Già importante caposaldo romano a cavaliere di un complesso sistema di passi alpini (Spluga, Settimo, Maloja e Giulia), fu contea affiliata dapprima al vescovado comasco e successivamente a quello di Coira. Verso la fine dell'XI secolo, importante cittadella fortificata, si dette libere istituzioni comunali. Dominio visconteo (XIV sec.) e dei Balbiani (XV sec.), fu successivamente appannaggio savoiardo prima e dei Grigioni poi. Nella prima metà del XVII sec. partecipò all'insurrezione delle genti valtellinesi contro l'oppressione dei Grigioni. In epoche più recenti nella cronologia storica fu dominio di Francesi e Austriaci prima di essere ricongiunta alla madre Patria italica nel 1859. La località è nota per aver dato i natali al mazziniano Maurizio Quadrio ed al poeta Giovanni Bertacchi. I dintorni montani di Chiavenna, di significativo interesse paesaggistico ed ambientale, consentono agli escursionisti di praticare la disciplina preferita a stretto contatto con una natura ancora abbastanza intatta.

Curiosità del luogo e dintorni
Nella centrale **piazza Castello** si distinguono il settecentesco **palazzo Salis** ed il turrito **palazzo Balbiani** (XV sec.). La **rupe Paradiso** ove era situato un antichissimo maniero, che subì notevoli vicissitudini storiche nel corso dei secoli. Tutta la zona presenta tracce di antichissime fortificazioni. La **chiesa parrocchiale** è intitolata a S. Lorenzo; profondamente rinnovata dopo un incendio nel XVI sec" era un edificio d'epoca romanica. Notevole l'isolato **campanile** (fine del XVI sec.). Il **battistero**, settecentesca costruzione poligonale, accoglie un fonte battesimale d'epoca romanica. Il **Museo del Tesoro** conserva un vasto corredo di preziosi paramenti ed arredi sacri e la «Pace di Chiavenna», coperta di evangeliario del XII secolo, in oro sbalzato, gemme e preziose miniature, capolavoro dell'oreficeria medievale. I resti delle **antiche mura** con un interessante torrione coronato da merli. I **palazzi Pestalozzi** e **Pestalozzi-Salis**. I caratteristici **crotti**, anfratti naturali ove la bassa temperatura costante consente la conservazione del vino e degli insaccati. Il **Mulino Bottonera**, mulino dell'ex pastificio Moro, risalente all'800, ristrutturato è oggi museo di archeologia industriale.

Passeggiate ed escursioni
In località Pianazzola, 635 m, si risale la strada praticabile, 45 min. circa. Ad Uschione, 832 m, piccolo nucleo addossato alle pendici del Mottaccio, donde si gode uno splendido panorama, sentiero in ore 1.30 circa. Al Bivacco Chiara e Walter al Passo di Lei, 2660 m,

sentiero per Prosto, Savogno, si risale la Valle dell'Acqua Fraggia, si passa per Piangesca da dove si raggiunge la meta, ore 7 complessive circa. Al lago dell'Acqua Fraggia, 2043 m, si ripercorre in parte l'itinerario precedente, ore 5 circa. Al laghetto del Mottaccio, 1900 m circa, sentiero per Uschione, A. Prato del Conte, A. Tecciali, ore 5 circa.

CIVO

Comune (C 8), Prov. di Sondrio, abitanti: 1011, altezza s.l.m.: 237/2845 m, CAP: 23010. **Informazioni:** Municipio di Civo. **Stazione ferroviaria:** Morbegno (8 km).

I nuclei del Comune sparso di Civo si estendono in amena posizione soleggiata alle falde della catena montuosa che da nord digrada, con precipiti balze, sulla sottostante vallata solcata dalle acque dell'Adda. La località, come i borghi viciniori, è indicata per soggiorni climatici e per trascorrervi le ferie estive in un contesto ambientale che si distingue per gli splendidi scorci panoramici sulla prospiciente catena orobica. I dintorni consentono di effettuare comode e piacevoli passeggiate ed anche escursioni di un certo impegno.

Passeggiate ed escursioni

Dalla località Poira (fin lì in auto) si raggiunge il Biv. Bottani-Cornaggia (vedi ivi), sentiero in ore 4 circa. Alla Cima del Malvedello, 2640 m, sentiero da Poira per Pre Saccio, ore 4.30 circa. In località Prati Aragna, 1146 m, si raggiunge Mello da dove un sentiero risale alla meta, ore 2 circa. Proseguendo sullo stesso sentiero si raggiunge il Passo del Culmine, 1818 m, complessivamente ore 5 circa.

CÒLICO

Comune (B 8), Prov. di Lecco, abitanti: 6257, altezza s.l.m.: 218 m, CAP: 23823. **Informazioni:** Municipio di Còlico. **Stazione ferroviaria:** Còlico.

Còlico si estende lungo la sponda orientale del Lario, a breve distanza dal Trivio di Fuentes, che convoglia i traffici provenienti dalla Valtellina, dal Maloja e dallo Spluga e da entrambe le costiere lariane. La parte dell'abitato vicino al porto (Còlico Piano) si è sviluppata a partire dalla seconda metà del XIX secolo, dopo i lavori di bonifica della foce dell'Adda, mentre le frazioni (Olgiasca, Laghetto, Villatico, Curcio) poste in posizione più elevata, hanno origini ben più remote. L'abitato sorge alle pendici del Monte Legnone e degli altri rilievi che coronano a nord il ramo detto di Lecco del lago di Como.

Curiosità del luogo e dei dintorni

Il **laghetto di Piona**. L'**abbazia di Piona** (XIII sec.). **Forte Fuentes** (inizi del XVII sec.). **Forte Montecchio Lusardi**, l'unico forte della prima guerra mondiale ancora provvisto di cannoni. **Torre di Fontanedo** (fine XIV sec.). **Oratorio di S. Rocco**, con abside del XV sec. Vedi anche carta turistica KOMPASS n. 91 «Lago di Como-Lago di Lugano».

Passeggiate ed escursioni

Ai rifugi della zona vedi sotto i rispettivi. Alla Cima di Scoggione, 1703 m, sentiero da Villatico (fin lì anche in auto) per Robustello, Fontanedo, Scoggione basso 1218 m, donde alla meta ore 4 circa. Alla Punta dei Merli, 2129 m, sentiero da Villatico per Gambotti, A. Rossa, A. Temnasco, ore 5/6 circa. Al Monte Legnone, per Robustello, Alpe Rossa, Alpe Temnasco, Punta dei Merli, Ric. Cà de Legn, ore 6. Al Monte Legnone, per Robustello, Fontanedo, Rif. Scoggione, ore 5.45. Inoltre Còlico è il terminale nord del Sentiero del Viandante, importante percorso storico che parte da Abbadia Lariana.

CÒSIO VALTELLINO

Comune (C 8), Prov. di Sondrio, abitanti: 4990, altezza s.l.m.: 207/2267 m, CAP: 23013. **Informazioni:** Municipio di Còsio Valtellino. **Stazione ferroviaria:** Còsio Valtellino.

Le frazioni del Comune sparso di Còsio Valtellino si estendono nella fascia del pedemonte valtellinese alla sinistra idrografica dell'Adda, non distanti dall'importante centro di Morbegno. La località ebbe notevole rilevanza in età medievale, allorché fu sede di un importante feudo; al giorno d'oggi una dispersione di piccole industrie affianca l'agricoltura e l'allevamento del bestiame.

Curiosità del luogo e dintorni

La **chiesa parrocchiale**, è dedicata a Sant'Ambrogio e racchiude interessanti sculture lignee e dipinti. In località Sacco il **Museo dell'«Homo Salvadego»**, antica dimora rurale con raffigurazione dell'Uomo Selvatico, vero e proprio simbolo della cultura alpina.

Passeggiate ed escursioni

Al M. Pecoraro, 1714 m, sentiero per Malanotte, Masonaccia, A. Tagliata, A. Piazza, ore 5/6 circa. All'Alpe Tagliata, sentiero per Bagni dell'Orso, ore 4 circa. Al M. Olano, 1702 m, si ripercorre gran parte dell'itinerario precedente raggiungendo infine la meta, ore 6 circa.

DELÈBIO

Comune (B 8), Prov. di Sondrio, abitanti: 2755, altezza s.l.m.: 218 m, CAP: 23014. **Informazioni:** Municipio di Delèbio. **Stazione ferroviaria:** Delèbio.

Delèbio è il primo centro di una certa consistenza per chi percorra la statale dello Stelvio in direzione di Sondrio. La località è posta allo sbocco della Val Lesina e si estende, prevalentemente, tra la statale e le ultime pendici nord-orientali del M. Legnone. Il territorio della Val Lesina è incluso nel Parco delle Orobie Valtellinesi. Centro fiorente per attività industriali, non sono da trascurare l'allevamento e l'agricoltura, Delèbio ebbe significativa rilevanza fin dalle epoche più lontane. La lavorazione industriale e l'artigianato datano infatti fin dal XVI sec.

Curiosità del luogo e dintorni

La **parrocchiale**, quattrocentesco edificio intitolato a S. Carpoforo. All'interno sono visibili interessanti pitture ed opere d'arte. L'**oratorio di S. Giuseppe** (XVII sec.). L'**oratorio di S. Gerolamo**, settecentesco impianto al cui interno spiccano affreschi di un certo interesse. Il **palazzo Peregalli** (1700 circa). Il settecentesco **oratorio di S. Rocco**. La **chiesa di S. Domenica**, ampliamento quattrocentesco di una preesistente cappella.

Passeggiate ed escursioni

Vedi carta turistica KOMPASS n. 105 «Lecco-Valle Brembana».

All'Alpe Legnone, 1690 m, sentiero per Piazzo Minghino, Piazza Calda, C. della Piode, ore 5 circa.

GORDONA

Comune (B 5), Prov. di Sondrio, abitanti: 1637, altezza s.l.m.: 283 m, CAP: 23020. **Informazioni:** Municipio di Gordona. **Stazione ferroviaria:** Chiavenna (4 km).

Il nucleo di Gordona sorge al margine superiore sinistro del Piano di Chiavenna poco a valle della confluenza del torrente Crezza nelle acque del Mera. Alle spalle dell'abitato la Valle della Forcola si spinge verso la catena delle Alpi confinanti. Le Valli Bodengo e Pilotera si prestano alla pratica dell'escursionismo.

Curiosità del luogo e dei dintorni
La **cascata** sul torrente Boggia: lungo tale torrente si pratica l'attività di canyoning. La **Torre di Signame**, costruzione risalente al IX sec., punto strategico da cui si gode un ampio panorama dell'intera Valchiavenna. La **chiesa parrocchiale di S. Martino** (all'interno pregevoli confessionali e gruppo organo preziosamente intagliati).

Passeggiate ed escursioni
Alla Torre di Signame, 655 m, ore 1 circa. All'Alpe Cima, 1875 m, da Alpe Orlo (raggiungibile dalla strada che parte a nord dell'abitato di Gordona), mulattiera fino a Cermine, poi sentiero fino alla meta, ore 2; di lì al Passo della Forcola, 2227 m, ore 4 complessive. Al Lago Piodella, 2202 m, da Donadivo fino all'Alpe Orlo, poi su sentiero della Val Pilotera fino all'Alpe Piodella, quindi al lago, 4 ore circa.

Di lì si può scendere per la Forcella di Strem in Val Bodengo fino a Donadivo (escursione di un giorno). Al Lago di Darengo, 1781 m, da Bodengo per il Passo della Crocetta, 2201 m, ore 3.30 circa. Al Bivacco del Ledù B. Petazzi, 2248 m, da Pra Pincè per A. Garzelli, A. Campo, Bocchetta del Cannone, 2260 m, ore 4 circa.

MADESIMO

Comune (A 2), Prov. di Sondrio, abitanti: 585, altezza s.l.m.: 1560 m, CAP: 23024. **Informazioni:** Azienda di Promozione Turistica di Madesimo, Consorzio Turistico Valchiavenna. **Stazione ferroviaria:** Chiavenna (19 km). **Impianti di risalita** (apertura anche estiva): funicolare sotterranea «Sky Express» da Campodolcino a Motta, funivie, seggiovie, skilift.

Primaria stazione sciistica in questa porzione delle Alpi, Madesimo è quotata tra le più attrezzate e frequentate località per la pratica degli sport invernali in Lombardia. La località sorge in amena posizione geografica ed ambientale nella valle percorsa dalle acque dello Scalcoggia. Ampi ed estesi prativi contornati da verdeggianti conifere circondano l'abitato, mentre tutto attorno svettano cime alpine di una certa imponenza. Per la validità delle sue infrastrutture ricettive e di supporto alle discipline della neve, Madesimo è meta preferita degli appassionati durante la stagione invernale. In estate la località si presta per piacevoli soggiorni climatici, offrendo ai villeggianti l'opportunità per rilassanti escursioni in un sereno contesto alpino.

Sin dal XVII sec. Madesimo era apprezzato per le sue acque termali alle cui virtù terapeutiche ricorse più volte il poeta Carducci, sul volgere del XIX secolo, durante i suoi soggiorni estivi.

Curiosità del luogo e dintorni
La **chiesa parrocchiale dei Santi Pietro e Paolo** di Madesimo è un moderno edificio dai pregevoli connotati architettonici. L'**Osteria Vecchia**, costruita nel 1781, è un bell'esempio di architettura alpina, in cui tra l'altro è ancora conservata la tipica «stüa»; in questo locale anche il poeta Giosuè Carducci soleva trascorrere le sue serate durante i frequenti soggiorni estivi a Madesimo. La **cascata di Pianazzo**, con i suoi 180 metri di salto, situata nell'omonima frazione, che è anche sede del comune.

Passeggiate ed escursioni

A Motta e al Lago Azzurro, 1853 m, da Madesimo circa 40 min. All'Alpe Andossi, 1870 m, 45 min. Al Lago Emet, 2144 m, e al vicino Rif. Bertacchi sentiero che risale la valle del torrente Scalcoggia, ore 1.30. All'Alpe Angeloga, 2039 m, e al vicino Rif. Chiavenna, ore 2.15. Al Pizzo Groppera, 2948 m, attraverso il «Canalone», ore 3 circa (anche in funivia). Sentiero storico del Cardinello da Isola, 1268 m, a Montespluga, 1908 m, ore 3.15 circa: questo sentiero si inserisce nell'itinerario escursionistico-culturale della Via Spluga, che collega Chiavenna (Italia) con Thusis (Svizzera) attraverso il Passo dello Spluga, lungo l'antico tracciato percorso già in epoca romana.

MELLO

Comune (C 8), Prov. di Sondrio, abitanti: 965, altezza s.l.m.: 681 m, CAP: 23010. **Informazioni:** Municipio di Mello. **Stazione ferroviaria:** Morbegno (8 km).

Il centro di Mello è situato nella bassa Valtellina, sulle alture poste alla destra idrografica dell'Adda. Centro un tempo fiorente con ricche dimore signorili è venuto progressivamente decadendo. L'economia locale trova ampi incentivi nell'allevamento del bestiame e nell'agricoltura. Scarso l'artigianato e le attività connesse all'industria, la maggior parte della forza lavoro è costretta a far da pendolare verso i centri maggiori della valle. Anticamente coloni provenienti da Mello denominarono «Val di Mello», una delle valli minori della vicina Val Màsino.

Curiosità del luogo e dintorni

La **chiesa parrocchiale**, è dedicata a S. Fedele; l'attuale corpo di fabbrica è del XVII sec. All'interno sono visibili interessanti affreschi.

Passeggiate ed escursioni

Dalla località Poira (fin lì in auto) si raggiunge il Bivacco Bottani-Cornaggia (vedi ivi), sentiero in ore 4 circa.

MESE

Comune (B 5), Prov. di Sondrio, abitanti: 1650, altezza s.l.m.: 274 m, CAP: 23020. **Informazioni:** Municipio di Mese. **Stazione ferroviaria:** Chiavenna (2 km).

La località si estende alla destra idrografica del Mera, in vista del Piano di Chiavenna ed è compresa tra gli affluenti Liro e Rossedo. In questo punto la Valle si fa molto stretta per aprirsi, più a sud, nel Piano di Chiavenna e per lasciare spazio, più a nord, alla conca ove, alla confluenza delle valli Bregaglia e S. Giacomo, sorge la cittadina di Chiavenna. Dalla parte opposta della valle si estendono le frazioni che compongono il comune di Prata Camportaccio.

Curiosità del luogo e dintorni

La **centrale idroelettrica** che utilizza le acque provenienti dai grandi invasi artificiali situati nella Valle S. Giacomo.

La **chiesa parrocchiale** è intitolata a S. Vittore ed ospita interessanti testimonianze artistiche.

Passeggiate ed escursioni

A Cigolino, 1165 m, sentiero per Prevel ed Albareda, ore 2.30 circa. Vedi anche sotto Gordona e Chiavenna.

MORBEGNO

Comune (C 8), Prov. di Sondrio, abitanti: 10.765, altezza s.l.m.: 262 m, CAP: 23017. **Informazioni**: Consorzio Turistico Porte di Valtellina, Morbegno. **Stazione ferroviaria**: Morbegno.

Secondo centro della Valtellina per dimensioni, consistenza demografica e sviluppo industriale, Morbegno costituisce un valido polo d'attrazione per i comuni vicini. La cittadina si allarga a macchia d'olio nella bassa Valtellina ove sorge sul conoide allo sbocco della Valle del Bitto, percorsa dall'omonimo torrente che si fa largo in uno stretto e angusto passaggio tra forre rocciose. Le origini di Morbegno si perdono nella notte dei tempi; alcuni suppongono l'esistenza di lontanissimi insediamenti liguri. Forse la località fu sede di un Castrum Romanum prima di acquisire notevole rilevanza in età medievale.

Le prime citazioni di «Morbinium» sono del XII sec.; lo sviluppo della cittadina crebbe in età medievale, allorché venne fortificandosi e codificando al contempo propri statuti di autonomia. Assoggettata dapprima dai Comaschi, fu successivamente dei Visconti, seguendo quindi le tendenze storiche della Valtellina delle quali abbiamo già detto precedentemente (vedi paragrafo relativo alla storia).

Oggi Morbegno è un vivo centro industriale con un terziario molto ben sviluppato; fioriscono infine, nei dintorni, l'allevamento del bestiame, l'agricoltura, la vitivinicoltura. Dalla cittadina valtellinese si può partire per interessanti escursioni sulle pendici della catena orobica.

Curiosità del luogo e dintorni

La quattrocentesca **chiesetta di S. Rocco**. La **statua di S. Giovanni Nepomuceno** sul ponte che attraversa il Bitto. Il **palazzo Malacrida** (XVIII sec). La **chiesa di San Pietro** (XIV sec.) accoglie interessanti dipinti e tele. Il **palazzo comunale**. La **collegiata di San Giovanni Battista** (XVII-XVIII sec.) accoglie notevoli opere d'arte. La barocca **chiesa di S. Antonio** (XVIII sec.) dagli interessanti affreschi dipinti. Il **santuario dell'Assunta**, edificio del XV sec. La **cappella della Madonnetta**. La **vecchia parrocchiale di S. Martino** sorta nel XIII sec. sulle rovine di un preesistente impianto religioso. Il **Museo civico di storia naturale** presso palazzo Gualteroni. A Cerido il **Museo del Vino e Torchio**.

Passeggiate ed escursioni

Ad Albaredo per S. Marco, 1098 m, si segue l'itinerario lungo la carreggiabile per Arzo, Campo Erbolo, ore 3 circa. A Bema, 793 m, si segue l'itinerario nella Valle del Bitto, ore 2 circa. In località Campione, 580 m, sentiero in ore 1 circa. Al M. Pecoraro, 1714 m, sentiero per Campione, Sacco, Tagliate, M. Olano, 1702 m, A. Piazza ore 5/6 circa. Vedi anche carta turistica KOMPASS n. 105 «Lecco-Valle Brembana».

NOVATE MEZZOLA

Comune (B 6), Prov. di Sondrio, abitanti: 1677, altezza s.l.m.: 212 m, CAP: 23025. **Informazioni:** Municipio di Novate Mezzola. **Stazione ferroviaria:** Novate Mezzola.

A monte della sponda superiore del lago di Mezzola, là ove l'aspra Val Codera si immette nel bacino del Mera, sorge Novate Mezzola, che costituisce una buona base di partenza per gli escursionisti diretti in Val Codera e sulle elevate montagne poste alla sua testata. Nei dintorni esistono alcune cave di granito mentre la località annovera la presenza di strutture industriali.

Curiosità del luogo e dintorni
Chiesa di S. Fedelino, del Mille, sorge sulla sponda nord-occidentale del lago di Mezzola. È annoverata tra le più antiche costruzioni del Chiavennasco e si qualifica per pregi di carattere architettonico e per le opere d'arte in essa contenute. La **chiesa parrocchiale**, in stile barocco, accoglie interessanti affreschi, dipinti e stucchi. **Palazzo Giani de Valpo** (1500 circa). Il **Museo storico etnografico e naturalistico della Val Codera**, costituito nel 1982, si trova a Codera, presso il Rif. Locanda Risorgimento.

Passeggiate ed escursioni
Ai numerosi rifugi della zona (vedi sotto i rispettivi). In Val Codera, famosa agli escursionisti per essere una delle ultime vallate alpine senza strada, sentiero in ore 1.30 circa. Alla Cima del Barbacan, 2598 m, sentiero da Codera per Salina, A. Coeder, Averta, ore 5 circa. In località S. Giorgio, 748 m, sentiero che si dirama dalla strada per Verceia, ore 1.30 circa. Traversata a Castasegna in Svizzera, si percorre da Codera il sentiero che risale alla Bochetta della Teggiola, 2490 m, si discende quindi al fondovalle della Bregaglia di confine, complessivamente ore 8/9 circa.

PEDESINA

Comune (C 9), Prov. di Sondrio, abitanti: 33, altezza s.l.m.: 1032 m, CAP: 23010. **Informazioni:** Municipio di Pedesina. **Stazione ferroviaria:** Morbegno (11 km).

Modesto centro della Valtellina (è il comune meno popolato di tutta la provincia di Sondrio), Pedesina si qualifica per pregi di interesse paesaggistico ed ambientale. Meta di turisti escursionisti per lo più, la località sorge nell'alta valle del Bitto di Gerola ed offre uno dei più esclusivi belvedere verso la Valtellina ed il gruppo del Disgrazia. In passato vi fiorirono attività tessili; oggi Pedesina vive del discreto flusso turistico e delle attività connesse allo sfruttamento degli abbondanti pascoli.

Curiosità del luogo e dintorni
La **chiesa di S. Croce di S. Antonio** cinquecentesca parrocchiale, raccoglie interessanti dipinti. L'**oratorio di S. Rocco** (XVIII sec.) venne ristrutturato negli anni Cinquanta, interessante ancona lignea.

Passeggiate ed escursioni
Al lago Culino, 1940 m, sentiero per l'Alpe Ciof, si prosegue per la Baita del Prato sino alla meta, ore 3.30 circa. Al Castello, 1307 m, sentiero oltre Ravizza, ore 1.30 circa. Vedi anche carta turistica KOMPASS n. 105 «Lecco-Valle Brembana».

PEGLIO

Comune (A 8), Prov. di Como, abitanti: 197, altezza s.l.m.: 650 m, CAP: 22010. **Informazioni:** Municipio di Peglio. **Stazione ferroviaria:** Còlico (21 km).

Caratteristico borgo alle falde occidentali del Sasso Pelo, Peglio è situato sulle alture della mezza costa alla sinistra orografica della valle percorsa dal torrente Liro. La località consente scorci panoramici sulla sottostante Gravedona e sulla porzione superiore del bacino lariano. I dintorni consentono di effettuare tranquille e distensive passeggiate.

Curiosità del luogo e dintorni
La secentesca **chiesa di S. Eusebio**, decorata da interessanti pitture.

Passeggiate ed escursioni

A Livo, 675 m, lungo la Via dei M. Lariani, 30 min. circa. Al M. la Motta, 1515 m, sentiero per Bodone e A. Motta, ore 2.45 circa. Più avanti al M. Duria, 2264 m, sentiero per A. Paregna e A. Duria, ore 5 complessive circa. Sentiero per Gravedona, ore 1 circa. Al Rif. il Giovo (vedi carta turistica KOMPASS n. 91 «Lago di Como-Lago di Lugano»), laddove sono possibili ulteriori escursioni, sentiero per Bederia, Nessa, Onedo, Basciarino, si risale alla meta, ore 3.30 circa.

PIÙRO

Comune (B 4), Prov. di Sondrio, abitanti: 1913, altezza s.l.m.: 370/3210 m, CAP: 23020. **Informazioni:** Municipio di Piùro. **Stazione ferroviaria:** Chiavenna (2 km).

I nuclei del comune sparso di Piùro sono situati a breve distanza da Chiavenna, là ove ha inizio la porzione italiana della Val Bregaglia. Il fondovalle è attraversato dalle acque del Mera e vi prosperano estesi appezzamenti di vite. Più in alto il folto bosco ricopre le pendici delle incombenti montagne che culminano in aspre e possenti sagome rocciose. Le vicende storiche e urbanistiche della località furono pesantemente condizionate da una grave sciagura che si verificò nella prima metà del XVII sec. (vedi paragrafo relativo alla storia).

Curiosità del luogo e dintorni

La secentesca **chiesa parrocchiale** si caratterizza per i tratti barocchi. L'interno, ricco di arredi sacri e di pregevoli sculture e intagli in legno, merita l'attenzione del visitatore. La **cascata dell'Acqua Fraggia** nei pressi della frazione di Borgo Nuovo. Barocca c**hiesa della S. Croce** presso l'omonima località. La **villa Vertemate**, il cui corpo di fabbrica risale alla seconda metà del XVI sec., è in località Cortinaccio ed accoglie significative espressioni artistiche.

Passeggiate ed escursioni

Sentiero per Borgo Nuovo, da Prosto 30 min. circa. A Cortinaccio, sentiero da Prosto in 30 min. circa. Al lago dell'Acqua Fraggia, 2043 m, sentiero da Borgo Nuovo per Savogno, da dove si sale la Valle dell'Acqua Fraggia, ore 6 circa. Più avanti al Biv. Chiara e Walter, ore 7/8 complessive circa. Al laghetto del Mottaccio, 1900 m circa, sentiero da Borgo Nuovo per Prati Ruina, Pradella, A. Tecciali, ore 5 circa.

SAMOLACO

Comune (B 6), Prov. di Sondrio, abitanti: 2780, altezza s.l.m.: 199/2452 m, CAP: 23027. **Informazioni:** Municipio di Samolaco. **Stazione ferroviaria:** Somaggia (3 km).

Le frazioni del Comune sparso di Samolaco si dislocano ai margini del Piano di Chiavenna solcato dalle acque del fiume Mera. Anticamente la località venne denominata Summus Lacus per il fatto che le acque del Lario si spingevano fino a quei territori successivamente prosciugati da eventi di natura geomorfologica derivanti dagli interramenti causati dalle alluvioni portate dal Mera. Nel territorio comunale vengono allevati pregiati cavalli di razza Samolaco-avelignese.

Curiosità del luogo e dintorni

L'antica **chiesa parrocchiale**, in frazione Era è un edificio ristrutturato nel XVIII sec. Accoglie interessanti affreschi ed è dedicata a S. Andrea. La **parrocchiale di S. Pietro** (frazione del Comune di Samolaco) si qualifica per i pregevoli intagli lignei custoditi all'interno. **Cascata della Pissarotta** sopra l'abitato di Somaggia. I tipici **crotti**, sorta di cantine naturali che vengono utilizzati per conservarvi il vino.

Passeggiate ed escursioni

All'Alpe Sparavera, 1770 m, sentiero da Porettina, si risale la Val Scarione, ore 6 circa. Alla torre di Signame, 655 m, sentiero da S. Pietro in ore 1 circa. A S. Teresa, 1000 m circa, sentiero da S. Pietro, ore 2 circa. Più avanti all'Alpe Manco, 1728 m, si risale per A. Crose, complessivamente ore 5 circa.

S. GIACOMO FILIPPO

Comune (B 4), Prov. di Sondrio, abitanti: 576, altezza s.l.m.: 522 m, CAP: 23020. **Informazioni:** Municipio di S. Giacomo Filippo. **Stazione ferroviaria:** Chiavenna (3 km).

Il piccolo borgo di S. Giacomo Filippo è situato ai due lati della strada dello Spluga, non lungi dallo sbocco della valle S. Giacomo nella conca ove sorge Chiavenna. Il fondovalle è attraversato dal torrente Liro e i ripidi fianchi delle montagne sono ricoperti da fitte boscaglie. La località costituisce una buona base di partenza per gli escursionisti diretti nella Valle del Drogo e sulla cresta delle Alpi confinali.

Curiosità del luogo e dintorni

Trecentesco **santuario di S. Guglielmo**, venne ripristinato nella prima metà del Settecento; all'interno sono visibili affreschi dei sec. XVIII/XIX. La **chiesa parrocchiale** accoglie significative sculture in legno ed arredi sacri di ragguardevole interesse. L'**orrido del torrente Liro**. Il **santuario di Gallivaggio** (fine XVI sec.). **Alpeggi di Lendine e Avero**. Panorama su tutta la Valchiavenna dai prati del Cigolino e dalla balconata di Dalo.

Passeggiate ed escursioni

In località S. Bernardo, 1099 m, alla sinistra orografica della Valle del Drogo, sentiero in ore 2.15 circa. Al Passo dell'Alpigia, 2370 m, si percorre in parte l'itinerario precedente, proseguendo per S. Antonio e Cuarga, si risale all'Alpe Alpigia, ore 6 circa.

SOGLIO

Comune (C 4), Cantone dei Grigioni, abitanti: 195, altezza s.l.m.: 1090 m, Codice Postale: CH 7610 GR. **Informazioni:** Municipio di Soglio. **Stazione ferroviaria:** Chiavenna (14 km).

Il pittoresco borgo elvetico di Soglio è situato all'inizio della porzione svizzera della Val Bregaglia, sui declivi soleggiati che sovrastano a settentrione il fondovalle lambito dalle acque del Maira. La località che fu in passato soggetta ad un casato dei von Salis-Soglio, si distingue per alcune antiche dimore e residenze. I dintorni consentono di effettuare piacevoli passeggiate ed impegnative escursioni.

Curiosità del luogo e dintorni

La trecentesca **chiesa riformata** è d'impronta barocca. La **casa Alta** (XVI sec.). Settecentesca **casa Battista**. **Casa Max** (fine del XVII sec.). **Casa Gubert** (XVI sec.). **Casa Antonio** (XVIII sec.).

Passeggiate ed escursioni

A Vicosoprano lungo il Sentiero Panoramico, ore 3. Al Passo della Prasignola, 2724 m, sentiero per Dair e Leira, ore 5 circa. Passeggiata a Castasegna lungo il sentiero, ore 1 circa. Al lago Caldera (Caldera See), sentiero per il Passo da la Duana, 2694 m, ore 6 circa.

SÒRICO

Comune (B 7/8), Prov. di Como, abitanti: 1204, altezza s.l.m.: 201 m, CAP: 22010. **Informazioni:** Municipio di Sòrico. **Stazione ferroviaria:** Còlico (9 km).

La località è situata al vertice del bacino lariano, là ove il fiume Mera riversa le sue acque nel lago di Como. Sotto il profilo storico Sòrico è ricordata per aver costituito, unitamente a Gravedona e Dongo, la Comunità delle Tre Pievi. Il primo documento riguardante Sòrico risale all'851 e ci parla di sur-ego, diverse le interpretazioni di questo toponimo, che alcuni fanno derivare dal latino «surrigo»: spuntare, sorgere, emergere. La storia di Sòrico era strettamente collegata alla sua posizione di raccordo fra le regioni lariane, il Chiavennasco e la Valtellina.

Curiosità del luogo e dintorni

La quattrocentesca **chiesa parrocchiale**, è intitolata a S. Stefano. La costruzione, ristrutturata agli inizi del XVIII sec., è affiancata da un bel campanile romanico. L'interno accoglie interessanti dipinti di scuola lombarda. La **Chiesa dell'Immacolata o Chiesa Rotonda**, oggi trasformata in abitazione civile. L'**Oratorio di San Fedelino**, piccolo gioiello di architettura romanica, sulla sponda del Lago di Mezzola, nell'ultimo lembo del comune di Sòrico. Eretta sul luogo del martirio di San Fedele, soldato della regione Tebea, la piccola chiesa è costituita da un'aula quadrata con l'abside rivolta ad oriente. Un tempo tutta affrescata, rimangono nel catino absidale le immagini di Cristo Redentore attorniato da angeli e le figure, ormai semi cancellate degli Apostoli. **Chiesa di San Miro**: è l'ampliamento dell'antica Chiesa di San Michele del XII secolo. Vi si conservano le spoglie di San Miro, un eremita morto nel 1381. L'edificio è ricco di un grande patrimonio artistico e pittorico. Gli ultimi restauri hanno fatto venire alla luce interessanti tracce della chiesa romanica. La **Torre di Sòrico**, annoverata tra i castelli italiani. Le **rovine del forte Fuentes**, presso l'omonimo trivio, importante nodo delle comunicazioni stradali e ferroviarie. Nella pianura del Pian di Spagna si trova l'omonima **Riserva Naturale**, che è la zona umida più importante a sud delle Alpi per l'avifauna e parecchie specie anfibie anche in via di estinzione. Notevole importanza degli **sport velici** grazie alla presenza costante del vento chiamato «Breva» (surf, vela, parapendio).

Passeggiate ed escursioni

Al M. Berlinghera, 1930 m, si segue in parte la Via dei Monti Lariani; da Fordeccia si risale alla Bocchetta Chiaro, 1666 m, donde alla meta, ore 5/6 circa. Percorsi ciclabili lungo il fiume Mera e nella riserva naturale del Pian di Spagna.

STAMPA

Comune (C 4), Cantone dei Grigioni, abitanti: 488, altezza s.l.m.: 1015 m, Codice Postale: CH 7605 GR. **Informazioni:** Municipio di Stampa. **Stazione ferroviaria:** Chiavenna (17 km).

Località della Bregaglia elvetica, Stampa è un'apprezzata stazione di soggiorno estivo. I dintorni, di notevole interesse ambientale, paesaggistico ed alpinistico, si prestano alla pratica dell'escursionismo. Il piccolo villaggio svizzero è noto per aver dato i natali ai Giacometti, pittori e incisori che ebbero notorietà nella seconda metà del XIX secolo.

Curiosità del luogo e dintorni
La cinquecentesca **Ciäsa Granda** ospita un **museo** di storia e d'arte della valle (significative le opere dei Giacometti).

Passeggiate ed escursioni
A Borgonovo lungo il sentiero che scorre sopra l'abitato, 30 min. circa. Da Promontogno (fin lì in auto) alla Capanna Sasc Furä, sentiero in Val Bondasca; da Laret si volge a destra seguendo le tracce per il rifugio, ore 3 circa. Alla Capanna Sciora (vedi ivi) sentiero in Val Bondasca, ore 3.15 circa. A Soglio, sentiero per Muntac e Pralongh; si percorre infine un tratto del sentiero panoramico, ore 1.15 circa.

TALAMONA

Comune (D 8), Prov. di Sondrio, abitanti: 4261, altezza s.l.m.: 285 m, CAP: 23018. **Informazioni:** Municipio di Talamona. **Stazione ferroviaria:** Talamona.

Il centro di Talamona si addensa alla base dell'esteso conoide formato dalle acque del torrente Roncaiola, non lungi dall'importante cittadina di Morbegno. L'abitato, in felice posizione geografica ed ambientale, sfrutta i vantaggi di un mite clima; la popolazione è dedita per lo più all'industria leggera, fiorente in Talamona.

Le prime sedi umane nel luogo sembrano datare all'età etrusca; sono state trovate tracce del periodo del bronzo e dell'età romana. Al tempo di Longobardi e Franchi fu corte regia; ottenuti liberi statuti in età dei Comuni, conobbe successivi, prosperi sviluppi che non trovarono arresto nemmeno in conseguenza delle gravi e ripetute alluvioni.

Curiosità del luogo e dintorni
La **parrocchiale di S. Maria Nascente**, costruita verso la metà del XX secolo su un preesistente antico impianto di carattere religioso. L'interno accoglie interessanti opere d'arte. Il secentesco **oratorio di S. Giuseppe**, interessante altare marmoreo. Il **santuario della Madonna delle Grazie**.

Le **chiese di S. Carlo, S. Gerolamo, S. Gregorio Taumaturgo, S. Giorgio in Premiana**. Alcuni **vecchi edifici** in località case Giovanni.

Passeggiate ed escursioni
Alle case Giovanni, 419 m, sentiero da Cà Cerri per S. Gerolamo, 45 min. Passeggiata a Morbegno, 262 m, 30 min. Escursione circolare per Tàrtano, 1210 m, sentiero per S. Gerolamo, Dondone, Frasnino, Postareccio; si ritorna per C. Fognini, Passo del Pisello, 1979 m, S. Giorgio, Case Giovanni, ore 12 complessive circa. Vedi anche carta turistica KOMPASS n. 105 «Lecco-Valle Brembana».

TÀRTANO

Comune (D 9), Prov. di Sondrio, abitanti: 262, altezza s.l.m.: 1210 m, CAP: 23010. **Informazioni:** Municipio di Tàrtano. **Stazione ferroviaria:** Morbegno (21 km).

Insediamento dalle marcate caratterizzazioni rurali, il centro valtellinese di Tàrtano si estende in quota al punto di giunzione della Valle di Tàrtano con la Val Lunga e Val Corta. Un paesaggio rude ed aspro fa da contorno all'imminente dorsale orobica; i dintorni, di notevole interesse ambientale, offrono scorci paesaggistici di tutto rispetto e consentono piacevoli escursioni per gli appassionati della montagna.

Curiosità del luogo e dintorni
La **chiesa parrocchiale** è intitolata a S. Barnaba, costruita nel XVI sec., venne aperta al culto nella prima metà del XVII sec.; subì notevoli rimaneggiamenti in età posteriore. Accoglie interessanti espressioni artistiche. L'**oratorio della Vergine del Rosario**.

Passeggiate ed escursioni
Al M. Gavet, 2318 m, sentiero dapprima in Val Corta e quindi in Val di Lemma, si risale oltre la C.ra di Lemma Bassa, 1691 m, ore 4 circa. Al Passo del Pisello, 1979 m, sentiero che risale l'omonima valle, ore 3 circa. Al Passo di Tàrtano, 2108 m, sentiero in Valle Lunga oltre il Rif. Arale, ore 3.30 circa.

Traversata a Foppolo, 1508 m, si segue in parte l'itinerario precedente; si scende per la Val dei Lupi superando il Passo di Porcile, 2250 m, ore 5/6 circa. Vedi anche carte turistiche KOMPASS n. 104 «Foppolo-Valle Seriana» e n. 105 «Lecco-Valle Brembana».

TRAONA

Comune (C 8), Prov. di Sondrio, abitanti: 2187, altezza s.l.m.: 252 m, CAP: 23019. **Informazioni:** Municipio di Traona. **Stazione ferroviaria:** Còsio (2 km).

L'abitato di Traona sorge su un conoide a monte della strada che lambisce il pedemonte retico, alla destra idrografica dell'Adda. Fiorente centro in età alto medievale per la sua felice posizione strategica lungo una strada di grande comunicazione. In seguito fu feudo dei Vicedomini, prima di essere assoggettata ai Visconti, al dominio dei quali si ribellerà nella seconda metà del XIV sec. Successivamente anche Traona subirà, non senza danni, le comuni vicende storiche della Valtellina.

Curiosità del luogo e dintorni
La **chiesa di S. Colombano**, edificio cinquecentesco successivamente ristrutturato: l'interno ad una navata raccoglie pregevoli affreschi e dipinti. Il **palazzo Parravicini** (XVIII sec.). L'**oratorio di S. Ignazio di Loyola** racchiude un'interessante tela e dipinti con scene della Via Crucis. Alcune **case patrizie** risalenti ai secoli XVI/XVIII. La quattrocentesca **chiesa arcipretale di S. Alessandro**, successivamente ampliata, accoglie interessanti espressioni artistiche. Le **rovine del castello di Domofole**, nei pressi della strada per Mello.

Passeggiate ed escursioni
A Mello risalendo il sentiero per S. Giovanni, si scende per Poira di fuori, ore 4 circa. In località Prati Bioggio, 1258 m, sentiero per Bioggio, ore 3 circa.

VAL MÀSINO

Comune (D 6), Prov. di Sondrio, abitanti: 960, altezza s.l.m.: 700/3678 m, CAP: 23010. **Informazioni:** Municipio di Val Màsino. **Stazione ferroviaria:** Ardenno (10 km).

Le frazioni del comune sparso di Val Màsino si estendono nell'omonima valle percorsa dalle acque del torrente Màsino e nelle convalli che si diramano sino a raggiungere, nella porzione superiore, il piede delle bastionate pareti delle Alpi Retiche, al confine con la vicina Svizzera. Valle di intatta e serena bellezza, offre significativi scorci paesaggistici ed un ambiente alpino relativamente intatto. Meta di alpinisti ed escursionisti, consente ai villeggianti di trascorrere sereni periodi di riposo nei suoi pittoreschi borghi e villaggi.

Curiosità del luogo e dintorni
Il **Museo Etnografico Naturalistico** della Valmàsino, istituito nel 1990, con sezione avifaunistica, mineralogica ed etnolgica. Le **sorgenti termali** in località Bagni del Màsino.

Passeggiate ed escursioni
Tutte le escursioni alle vette delle Alpi confinali richiedono notevole esperienza alpinistica o la presenza di una guida. Per le escursioni ai numerosi rifugi vedi sotto i rispettivi.

VERCEIA

Comune (B 7), Prov. di Sondrio, abitanti: 1166, altezza s.l.m.: 200 m, CAP: 23020. **Informazioni:** Municipio di Verceia. **Stazione ferroviaria:** Verceia.

La località è situata non lungi dalle sponde orientali del lago di Mezzola, presso lo sbocco della Valle dei Ratti. Verceia costituisce un buon punto di appoggio per gli escursionisti diretti verso le cime che contornano la testata della Valle dei Ratti. Presso Verceia si svolsero, nell'autunno del 1848, fatti d'arme legati alla resistenza dei patrioti risorgimentali che si opponevano alle milizie asburgiche capitanate dall'Haynau.

Curiosità del luogo e dintorni
La **lapide commemorativa** dei fatti d'arme e risorgimentali. Il vicino **lago di Mezzola**.

Passeggiate ed escursioni
In località Foppaccia, 1044 m, sentiero in ore 2 circa. Al M. Culmine, 1818 m, sentiero da S. Fedele per Castelletto, Lavazzo, ore 5 circa. Traversata a Cataeggio in Val Màsino, seguendo il Sentiero Italia che risale la Valle dei Ratti e supera il Passo di Primalpia, 1476 m; si scende alla meta per Casera Spluga, complessivamente ore 10/11 circa.

VICOSOPRANO

Comune (D 4), Cantone dei Grigioni, abitanti: 393, altezza s.l.m.: 1067 m, Codice Postale: CH 7603 GR. **Informazioni:** Municipio di Vicosprano. **Stazione ferroviaria:** Chiavenna (19 km).

La località costituisce il nucleo più rilevante della Val Bregaglia elvetica ed è situata alla confluenza del torrente Albigna con il Maira. Apprezzato centro di villeggiatura, offre svariati spunti di carattere escursionistico. A sud della località si stagliano le elevate pareti della catena confinale che si estende dal Piz Badile alla Cima di Castello e che sono contornate da scintillanti vedrette gelate.

Curiosità del luogo e dintorni
Il cinquecentesco **palazzo municipale** è affiancato da una duecentesca torre di forma circolare. Il **bacino idroelettrico dell'Albigna** delimitato da una possente diga. Le **rovine del castello Turratsch** (1100 circa) presso Casaccia, sulla strada del Maloja.

Passeggiate ed escursioni
Alla diga dell'Albigna, ripido sentiero in ore 3.30 circa. Alla Capanna da l'Albigna (vedi ivi), sentiero in ore 4 circa. A Soglio lungo il Sentiero Panoramico, ore 2.30 circa. Al lago da la Duäna, 2466 m, sentiero per Plan Lo, Val da Cam, si volge a sinistra seguendo le tracce, ore 7 circa. A Casaccia, lungo il Sentiero Panoramico, ore 1.30 circa.

VILLA DI CHIAVENNA

Comune (BC 4), Prov. di Sondrio, abitanti: 1116, altezza s.l.m.: 633 m, CAP: 23029. **Informazioni:** Municipio di Villa di Chiavenna. **Stazione ferroviaria:** Chiavenna (7 km).

I nuclei che costituiscono il Comune di Villa di Chiavenna sono dislocati nel fondovalle della Val Bregaglia italiana, a poca distanza dal confine di Stato. Le colture della vite si alternano al bosco di castagni, che risale le pendici montane illuminate dalle rocce del Pizzo Galleggione, mentre sull'opposto versante si stagliano le sagome del Monte Conco e della Cima di Codera. Nei pressi dell'abitato il letto del Mera si allarga a formare un bacino artificiale le cui acque vengono utilizzate per l'alimentazione di alcune centrali idroelettriche. I dintorni consentono di effettuare piacevoli passeggiate e remunerative escursioni.

Curiosità del luogo e dintorni

La **chiesa parrocchiale**, ricca di opere d'arte meritevoli di una visita, è intitolata ai S.S. Sebastiano e Fabiano. Venne costruita nella seconda metà del XV sec. e fu ristrutturata nel XVIII sec. **S. Barnaba**, costruzione di origini quattrocentesche, venne successivamente rimaneggiata in età barocca. All'interno si osservano tracce di affreschi cinquecenteschi.

Passeggiate ed escursioni

Al Bivacco Chiara e Walter (vedi ivi), al Passo di Lei; sentiero per Savogno da dove si risale la Valle dell'Acqua Fraggia, percorrendo l'ultimo tratto verso il Passo di Lei, 2660 m, nei cui paraggi si trova il bivacco, ore 6/7 complessive circa. Passeggiata a Borgo Nuovo (Piùro) per Savogno e Dasile, ore 2.30 circa. In località Rossaccio, 1851 m (alta Val Vertura) sentiero per Ganete, Scalotta, Tabiadascio e Pian Rossaccio, ore 4 circa. Per altre escursioni vedi sotto Piùro, Chiavenna e Castasegna.

Segnale di soccorso alpino: dare **per sei volte** in un minuto, a intervalli regolari, un segno visibile o udibile, poi fare una pausa di un minuto. Si ripete finché non si riceve risposta.

Risposta: entro un minuto viene dato **per tre volte**, a intervalli regolari, un segno visibile o udibile.

Redazione testo: Giuliano Valdes

Foto di copertina: Val Bregaglia/Soglio (Marka srl)
Numero di edizione: 92/07.11a
ISBN 978-3-85491-099-2

Kaplanstraße 2, 6063 Rum/Innsbruck, Austria
Fax +43 512 265561-8
kompass@kompass.at
www.kompass.at

Die KOMPASS-Wanderkarte 1:50 000, Blatt Nr. 92 “Chiavenna-Val Bregaglia” umfasst den nördlichsten Gebietsabschnitt der Lombardei, der sich von Cuneo bis an die Staatsgrenze mit der Schweiz erstreckt; er gibt jenes Territorium der Zentralalpen wieder, das sich zwischen den Lepontinischen und den Rätischen Alpen befindet. Im Nordwesten des Kartenblattes ist das Valle San Giacomo ersichtlich, das in der Hochgebirgsregion am Splügenpass beginnt und durch die Gemeinde Madesimo südwärts verläuft. In der Nähe von Chiavenna vereinigt es sich mit dem Val Bregaglia (Bergell), das von Osten kommt; das Val Bregaglia setzt sich im schweizerischen Oberengadin fort. Am südlichen Kartenrand verläuft der untere Abschnitt des Valtellina (Veltlin), das eine physische Grenze zwischen der Berninagruppe im Norden (Teil der Rätischen Alpen) und den Bergamasker Alpen (in der Lombardei Orobie genannt) im Süden darstellt. Das gesamte in der Karte dargestellte Gebiet besitzt eine beachtliche Bedeutung für den Fremdenverkehr. Es gibt einige Fremdenverkehrs- und Ferienorte, die zusätzlich zu den üblichen charakteristischen und typischen Angeboten der Fremdenverkehrszentren, Wanderern und Alpinisten die Möglichkeit bieten, ihre Freizeit in der umliegenden Bergwelt zu verbringen; sie sind meist auch ideale Ausgangspunkte für Wander- und Klettertouren. Außer der sehenswerten und interessanten Stadt Chiavenna liegen im Valle San Giacomo folgende bedeutende Orte: Campodolcino, Isola und das weitum bekannte Wintersportzentrum Madesimo. In der Ebene von Chiavenna sticht besonders die Ortschaft Samolaco hervor; weiter südlich liegt, am Beginn des nördlichen Abschnittes des Lariobeckens (als Lario wird in der Lombardei der Comosee bezeichnet), der Mezzolasee (siehe auch KOMPASS Wanderkarte, Blatt Nr. 91 “Lago di Como-Lago di Lugano”); sichtbar sind auch die zum See ausgerichteten Zentren Còlico und Gera Lario. Von den zahlreichen Ortschaften im Veltlin ist besonders das Städtchen Morbegno hervozuheben, während die Ortschaften der Gemeinde Val Màsino (im gleichnamigen Tal) optimale Ausgangspunkte für Wanderungen in die Rätischen Alpen im Bereich des Splügen, Piz Badile, Sciora und Disgrazia sind (siehe auch KOMPASS-Wanderkarte, Blatt Nr. 93 “Bernina-Sondrio”). Am südlichen Ufer des Addaflusses, in der Nähe des großen Straßendreiecks bei der Festung Fuentes und des nördlichen Ufers des Comosees, kann man die M. Legnone-Gruppe unterscheiden, die äußersten westlichen Ausläufer der interessanten Bergamasker Schieferalpen (siehe auch KOMPASS-Wanderkarte, Blatt Nr. 105 “Lecco-Valle Brembana”). Politisch und verwaltungsmäßig ist das in der Karte dargestellte Gebiet zwischen Italien und der Helvetischen Konföderation (Region Lombardei, Provinzen Sondrio und Como, Kanton Graubünden) aufgeteilt. Zu den bedeutendsten Verkehrswegen zählt die Staatsstraße Nr. 38 “Stilfserjoch”, die durch das untere Veltlin verläuft, bevor sie am Straßendreieck bei Fuentes im nördlichen Becken des Comosees mit den anderen überregionalen Verkehrsverbindungen aus der Schweiz (Bergell und Splügenpass) und der östlichen larianischen Küste (Staatsstraße Nr. 36) zusammentrifft. Parallel zur letzteren wurde eine Schnellstraße gebaut, die zu einer Entlastung des intensiven Verkehrs um das larianische Seebecken geführt hat. Die Staatsstraße Nr. 36 sichert zudem eine wichtige internationale Verkehrsverbindung mit der Schweiz: nach der Straßengabelung bei Fuentes durchläuft sie die Ebene von Chiavenna, streift die gleichnamige Stadt im Bregagliatal und erklimmt schließlich - nachdem sie die Dörfer der Gemeinde Madesimo durchquert hat - in steilen Kehren den Splügenpass und verbindet so den nördlichen Teil der Provinz Sondrio mit dem Schweizer Städtchen Splügen im hinteren Rheintal. In der Nähe von Chiavenna zweigt auch die Staatsstraße Nr. 37 ab, die durch das Bregagliatal zur Schweizer Grenze bei Castasegna führt. Darüber hinaus führt diese Straße, nachdem sie den Malojapass überwunden hat (Staatsstraße Nr. 3 im eidgenössischen Gebiet), zu den idyllischen und berühmten Fremdenverkehrsorten im Oberengadin (Sils, Silvaplana, St. Moritz - siehe auch KOMPASS-Wanderkarte, Blatt Nr. 93 "Bernina-Sondrio"). Bei Gera Lario, am nördlichen Ufer des Comosees, nicht weit von der Einmündung des Torrente Mera in den See, beginnt die nordwestliche larianische Küstenstraße (Staatsstraße Nr. 340 d), die bis nach Menaggio führt. Zu erwähnen ist auch noch die Staatsstraße Nr 405, die vom Veltlinertal bei Morbegno bis nach Gerola Alta am Fuße der Bergamasker Alpen führt; nennenswert ist weiters auch jene Straße, immer von Morbegno aus, die das Veltlin direkt mit dem Brembanatal über den nicht immer befahrbaren Passo S. Marco, 1985 m, verbindet. Die Staatsstraße Nr. 404 "Val Màsino" sind ebenfalls auf der Karte zu sehen. In der nordöstlichen Ecke des Kartenblattes ist ein Teil der schweizerischen Staatsstraße Nr. 3 sichtbar, die Silvaplana im Oberengadin mit der wichtigen Stadt Chur im Rheintal verbindet. Von den Eisenbahnverbindungen ist im südlichen Kartenabschnitt die Linie, die durch das Veltlin in die Schweiz verläuft (Valle di Poschiavo), ersichtlich. Dieselbe Bahnlinie vereinigt sich in der Nähe von Fuentes mit jener Linie, die von der nahe legenden Stadt Chiavenna kommt und entlang der östlichen larianischen Küste bis nach Lecco weiter führt.

Hydrographie und Talsystem

Für die charakteristischen Strukturen dieses Gebietes, das eine sehr komplexe und vielfältige Oberflächengestaltung besitzt, ist das Gewässernetz in all seinen vielfältigen Erscheinungsformen - einschließlich der glazialen Überprägungen und Überformungen - ausschlaggebend. Im nordöstlichen Kartenabschnitt durchquert der Fluss Adda das Veltlinertal, das gleichzeitig eines der längsten Quertäler des gesamten Alpenbogens ist; im Tal befinden sich zahlreiche Fremdenverkehrs- und Kunstzentren und es ist zudem landschaftlich sehr schön. Der Adda ist gleichzeitig einer der größten Zubringer des komplexen hydrographischen Systems der Poebene. Der Fluss entspringt nördlich von Bormio im oberen Valtellina und nimmt auf seinem Weg zahlreiche Zubringer, meist Wildbäche, auf (Frodolfo, Roasco, Poschiavino, Mallero, Màsino, Bitto), bevor er in den nördlichen Zweig des Comosees - nicht weit von Còlico entfernt - einmündet. Ein weiterer bedeutender Fluss, der Mera, entspringt im oberen schweizerischen Bergell; südlich von Chiavenna nimmt er den Torrente Liro auf, der aus dem Valle San Giacomo kommt und den "Piano di Chiavenna" durchquert. Diese Niederung war einmal von den Fluten des Comosees bedeckt, bevor der wilde Mera hier Schotter, Sand, Kies und Ton und andere Materialien ablagerte, aufschüttete und den See zurückdrängte. Südlich der Ortschaft Novate Mezzola mündet der Mera in den Mezzolasee; bei Dàscio verlässt er wieder den See, um kurz darauf in den Comosee zu münden. Zu den hydrographischen Besonderheiten gehören die zwei kontinentalen Hauptwasserscheiden. In der Nähe des Splügenpasses verläuft die Grenze zwischen den Einzugsgebieten des Po und des Rhein; der Malojapass bildet die Wasserscheide zwischen den Einzugsgebieten der Donau und des Po. In Richtung Donau fließt der Inn, der direkt aus den Seen des Oberengadin entspringt, die unterhalb des Malojapasses liegen. Der Mera hingegen ist ein Zubringer des entgegengesetzten Abflusssystems und gehört zum Einzugsgebiet des Po. Auf schweizerischem Staatsgebiet entspringen die beiden Quellflüsse des komplizierten Rheinsystems: der Madriser Rhein und der Averser Rhein. Von den anderen Wasserläufen sind schließlich noch der schon erwähnte Torrente Liro sowie zwei weitere Zubringer des Mera zu nennen, die rechts einmünden: der Crezza aus dem Valle della Forcola und der

Boggia aus dem Valle Bodengo. Der Fluss Codera, der aus dem gleichnamigen Tal kommt, mündet in den Mezzolasee. Im südwestlichen Abschnitt der Karte erkennt man einen kleinen Abschnitt eines Gießbaches ebenfalls mit dem Namen Liro, der aus dem S. Iorio Tal kommt (siehe auch KOMPASS-Wanderkarte, Blatt Nr. 91 "Lago di Como-Lago di Lugano"). Sehr zahlreich vorhanden sind natürlich entstandene und künstlich angelegte Seen; letztere werden vor allem zur Gewinnung von Elektroenergie genutzt. Eine ausführliche Erläuterung verdient der Comosee, der in einem der größten voralpinen Seebecken liegt. Im nördlichen Abschnitt des Kartenblattes erkennt man im Zentrum der Splügen-Ebene den künstlich aufgestauten Lago di Montespluga, der eine ganze Reihe von hydroenergetischen Zentralen speist, die in der Gemeinde Madesimo liegen. In derselben Zone befinden sich auch die kleinen Seen Lago degli Andossi, di Emet, Nero und Ghiacciato (in der Schweiz). Etwas weiter südlich, auf der Höhe von Campodolcino, zweigt ein Grenzsteig in das Valle di Lei ab, wo sich die Angelogaseen, der Calderasee, der Ballonesee und das große Staubecken von Lei befinden; aus letzterem entspringt, noch auf italienischem Boden, der Lei-Rhein. In der Schweiz liegen deutlich erkennbar folgende Stauseen: der Marmorerasee (Lai da Marmorera), der Lej Grevasalvas, der Lej Nair, der Lej da Lunghin, der Lej de Segl, der Lej da Cavloc, der Lej da la Duäna, der Lej da Caldera, der Lej da Cam und das große Staubecken von Albigna, das vom Schmelzwasser der kleinen Hang- und Kargletscher, die sich in nächster Umgebung befinden, gespeist wird. Noch auf italienischem Staatsgebiet liegen im oberen Valle del Drago das Becken von Truzzo, der Nerosee, der Foratosee, der Crocesee, der Fermosee. Das Hochtal Acqua Fraggia (auf der orographisch rechten Seite des Bregagliatales) beherbergt den Acqua-Fraggia-See. Auf den Anhöhen südöstlich von Chiavenna erkennt man den kleinen Bergsee von Mottaccio. Auf den südöstlichen Abhängen des M. Spluga liegt auch der gleichnamige kleine Bergsee. Im südwestlichen Abschnitt der Karte, im Gebiet der südlichen Mesolcinakette, erkennt man den Darengosee, den Cavrigsee und den Ledüsee; auch auf den Anhöhen in der Bergamasker Kette liegen einige kleine Bergseen (Scoggionesee, die Seen von Deleguaccio, Culinosee; siehe auch die KOMPASS-Wanderkarte, Blatt Nr. 105 "Lecco-Valle Brembana"). Als letzter ist der Mezzolasee zu nennen, der am Ende des "Piano di Chiavenna" und bereits in Sichtweite des nördlichen Seebeckens von Como liegt. Er wird vom Mera gespeist, der gleichzeitig sein einziger Abfluss ist. Das hydrographische System der Oberflächengewässer wird durch einige Gletscherformationen vervollständigt, die sich vor allem längs der Alpenhauptkammlinie an der Staatsgrenze mit der Schweiz befinden. Davon sind - im Uhrzeigersinn von Westen nach Osten - folgende Gletscher zu erkennen: der Curcius-, der Ferrè-, der Suretta-, der Niemet-, der Ponciagna-, der Bles-, der Sovrana-, der Piz Rosso-, der Cima di Lago-Gletscher, sowie die Hanggletscher da la Trubinasca, dal Cengal, da la Bondasca, da l'Albigna, da Castel (Nord und Süd), da Cantun und del Forno.

Der Comosee

Der Comosee, auch Lario genannt, ist der drittgrößte voralpine Zungenbecckensee. Er wird vor allem durch seine weit ausgreifende Form charakterisiert, die an ein kopfstehendes Y erinnert. Der See wird von drei deutlich unterscheidbaren Abschnitten gebildet: der nördlichste wird Còlico genannt und die beiden südlichen Como und Lecco. Sein Umfang übertrifft jenen des Gardasees und er erreicht auch die Tiefen der Seebecken Norditaliens (410 m). Man kann eine beträchtliche Anzahl von Zubringerbächen aufzählen, nur die beiden größten Zubringer Adda und Mera, die in den Ast von Còlico einmünden, sind Flussläufe. Der einzige Abfluss ist der Adda, von dem bereits ausführlich die Rede war. Das Seebecken gehört zu den klassischen Beispielen einer eindeutigen glazialen Formung und es entstand wahrscheinlich im Quartär durch die Ausschürfung des riesigen, eiszeitlichen Addagletschers. Die Vereisungsspuren sind im weiteren Umkreis der Brianza sehr verbreitet und deutlich sichtbar; die glaziale Formung wird durch die vorhin genannten Seen, durch die ausgedehnten Moränenablagerungen und durch die bezeichnenden und zahllosen Findlinge (erratische Blöcke) unterstrichen. Das geschützte "larianische" Becken besitzt auch günstige klimatische Voraussetzungen, die sich besonders wohltuend auf die Küstenorte auswirken, die auch in der kalten Jahreszeit vom milden Seeklima profitieren. Die Flora besitzt ebenfalls charakteristische mediterrane Merkmale und gedeiht in großer Üppigkeit. Es ist nicht schwierig, entlang dem Ufer Olivenbäume, Pinien, Zypressen und Weinreben zu sehen, wie man sie auch an den Ufern der anderen voralpinen Zungenbeckenseen vorfindet. Eine reichhaltige Seefauna schafft zudem sehr gute Voraussetzungen für Fischfang und Fischzucht, die wiederum eng an die touristische Bedeutung und Nutzung von Seiten der Küstendörfer und deren Umgebung gebunden sind. Für eine kartographische Gesamtdarstellung siehe auch KOMPASS-Wanderkarte, Blatt Nr. 91 "Lago di Como-Lago di Lugano".

Oberflächenform und geologischer Aufbau

Das auf dem Kartenblatt dargestellte Gebiet zeigt charakteristische Oberflächenformen, die ohne Zweifel auf ein Übergangsgebiet hinweisen, das sich zwischen den Lepontinischen Alpen und den Rätischen Alpen befindet. Im unteren Kartenabschnitt, südlich der Veltliner Talsohle, dehnt sich der westlichste Abschnitt der Bergamasker Schieferalpen (Orobie genannt) aus. Das eigentliche Kerngebiet, das auch unter alpinistischem und exkursionistischem Gesichtspunkt interessant ist, wird von der Zone Màsino-Bregaglia, die zusammen mit der Disgrazia-Gruppe eine bedeutsame Untergruppe der Rätischen Alpen darstellt, gebildet (siehe auch die KOMPASS-Wanderkarte, Blatt 93 "Bernina-Sondrio"). Diese Gebirgsregion dehnt sich zwischen dem Val Bregaglia und dem Veltlin aus und wird - in groben Zügen - von den Flüssen Adda, Mera und von den Bächen Màsino und Albigna umschlossen. Nahezu alle Berggipfel überschreiten die 3000 m Grenze; zu den bezeichnendsten zählen der Piz Cengalo, 3370 m, der Piz Badile, 3308 m, die Cima della Bondasca, 3267 m, die Pizzi del Ferro (mehrere Bergspitzen über 3200 m Höhe) und auf eidgenössischem Staatsgebiet die Sciora Dadent, 3275 m, und die Sciora Dafora, 3169 m. Von der Bergkette zwischen dem Val Bregaglia und dem Val Codera erreichen die Bergspitzen des M. Conco, 2908 m, des M. Gruf, 2936 m, des Pizzo di Prata, 2727 m, beträchtliche Höhen. In der südlichen Bergkette, die sich zwischen dem Val Codera und dem Val Màsino erhebt, treten der Pizzo Porcellizzo, 3075 m, der Pizzo Lingoncio, 3032 m, der M. Spluga, der auch Cima del Calvo genannt wird, 2845 m, besonders hervor. Unter geologischem Gesichtspunkt sind besonders verschiedene Granitgesteine vorherrschend, die entlang der Alpenhauptkammlinie verbreitet sind. Die südliche Zone von Màsino wird durch den vorherrschenden Gneis geprägt. Im gesamten Gebiet kann man zahlreiche Hinweise einer starken Gesteinsumwandlung (Metamorphisierung) erkennen, die durch einige Gesteinskomponenten, die diesen Abschnitt der Rätischen Alpen prägen ("ghiandone" und "serizzo"), besonders augenscheinlich wird. Gneise, Phyllite und Granitformationen sind auch im Veltlintal zu erkennen. Die alpine Gebirgsbildung (Orogenese) legte die komplexe Struktur der Gesteinskomponenten in diesem Gebiet fest. Die sogenannte "insubrische" Störungslinie durchquert das Veltlin in west-östlicher Richtung und bildet gleichzeitig eine tektonische Bruchlinie, die die eigentlichen Zentralalpen von den Bergamasker Alpen und von der Voralpenzone trennt.

Die Bergamasker Kette ist fast vollständig aus archaischem und aus paläozoischem Kristallingestein aufgebaut, in das Gneise, Phyllite und Glimmerschiefer eingeschaltet sind; zu diesen Gesteinsarten kommen noch darüber liegende Konglomerate und Tone hinzu. Der Bergamasker oder Orobische Abschnitt, der auf der Karte dargestellt ist, weist ebenfalls eine beträchtliche Reliefenergie auf; zu nennen ist der M. Legnone, 2609 m, der wie viele andere Berggipfel dieser Region über der Höhengrenze von 2000 m liegt (Monte Colombano, 2005 m, Punta dei Merli, 2129 m, Piancone Basso, 2069 m, Cima di Moncale, 2306 m, Cima del Cortese, 2427 m, Pizzo Alto, 2512 m). Diese "Orobischen Alpen", wie sie auch genannt werden, liegen zwischen dem Addatal und dem Bergamasker-Brescianer Vorland und zwischen dem Valcamonica im Osten und den Erhebungen im Westen, die gegen das obere larianische Seebecken abfallen, eingeschlossen. Der "orobische" Bergrücken ist Bestandteil des gesamten alpinen Systems; der tiefe Taleinschnitt des Veltlin trennt ihn von den sogenannten Rätischen Alpen (Bernina-Disgrazia-Gruppe; siehe auch die KOMPASS-Wanderkarte, Blatt Nr. 93 "Bernina-Sondrio"). Im Süden laufen die Zentralalpen in einer Serie von immer niedriger werdenden Hügelketten aus, die schließlich bis an den nördlichen Rand der Poebene reichen. Diese Hügelketten sind ihrerseits auch wieder von tief liegenden Tälern eingeschnitten (Val Brembana, Valle Seriana, Val Cavallina). Im südöstlichen Kartenabschnitt fällt das Gebirge gegen das Valcamonica ab und reicht bis in die unmittelbare Umgebung der Einmündung desselben in das obere Sebinobecken. Auch die Bergamasker Kette übersteigt in ihrem höchsten Abschnitt die 3000 m. Für eine umfassende kartographische Darstellung siehe auch KOMPASS-Wanderkarten, Blatt 104 "Foppolo-Valle Seriana" und Blatt 105 "Lecco-Valle Brembana". Im nordwestlichen Kartenabschnitt längs der Staatsgrenze mit der Schweiz erkennt man Teile der Mesolcinakette (Pizzo Tambò, 3274 m, Pizzo Quadro, 3013 m).

Geschichte

Der bewusst einfach gehaltene historische Abriss über das in der Karte abgebildete Gebiet behandelt vor allem die Geschichte des Veltlinertales, die im Laufe der vergangenen Jahrhunderte für die Ereignisse in der nordöstlichen Lombardei von überragender Bedeutung war. Einige Hinweise auf die Geschichte der Siedlungen um den Comosee, von dem in der Karte nur ein kleiner Abschnitt sichtbar ist, wird das Bild über diese Bergregion abrunden, deren charakteristisches und grundlegendes Merkmal es immer war und bleiben wird, eine Grenz- und Übergangsregion zum schweizerischen Graubünden und zu den Völkern jenseits der Alpen zu sein.

Aufgrund seiner verbindenden geographischen Lage zwischen Rätien und der Lombardei stand das Veltlin immer schon im Mittelpunkt von Auseinandersetzungen und Streitigkeiten zwischen Völkern, die im Laufe der Jahrhunderte die rätischen Pässe (der eigenen Machtpolitik wegen) kontrollierten. Die Region wird seit jeher durch die starke Verzahnung der germanischen Völker mit den verschiedenen italienischen Regionen geprägt. Schon im 2. Jahrtausend vor Christi Geburt war das Veltlin von demselben Volksstamm wie im nahen Valcamonica bewohnt, was aus den Menhiren und den zahlreichen Felsinschriften hervorgeht. Im Veltlin lösten sich mehrere Stämme ab; zuerst waren es wahrscheinlich die Ligurer, die das Tal bevölkerten. Es folgten mit Sicherheit etruskische Stämme, die dann von den Kelten verdrängt wurden. In den Jahren 16 und 15 v.Chr. wurde das Tal definitiv durch Augustus von den Römern unterworfen. Gleichzeitig mit der Romanisierung dieser Gebiete erfolgte der Bau einer Straße von Como nach Chur in der Rätischen Provinz; sie führte am Comosee entlang, durch Samolaco und Chiavenna, wo sich eine Abzweigung befand, die eine Überquerung der Alpen über den Septimer- und den Splügenpass erlaubte. Die genannte Straße diente Rom vor allem dazu, seine neu eroberten Gebiete nördlich des Alpenhauptkammes fester an sich zu binden. Sicher nachgewiesen ist auch das Vorhandensein christlicher Gemeinden seit dem 5. Jh. Mit dem Zerfall der römischen Zentralgewalt begannen die Einfälle der Barbaren, die dann der langobardischen Herrschaft das Tal überließen; ab dem 8. Jh. setzten sich auch die Franken in diesem Gebiet fest. Zur Zeit Karls des Großen kam das Herrschaftsgebiet der Täler des Adda und des Mera unter die Gerichtshoheit des französischen Klosters S. Dionysius (Paris), die bis ins 10. Jh. andauerte, als das Königreich Italien unter die Herrschaft der deutschen Kaiser fiel. Die ersten Auseinandersetzungen unter den großen oberitalienischen Kommunen im feudalen Mittelalter führten zu weitreichenden Autonomien für viele Veltliner Gemeinden, gleichzeitig aber war die Machtpolitik der deutschen Kaiser immer mehr darauf bedacht, die rätischen Pässe zu kontrollieren und das Straßennetz auszubauen und zu sichern. In der Folgezeit litt die ganze Region unter den Auseinandersetzungen der comaskischen Guelfen und Ghibellinen, bis schließlich unter der autoritären Führung von Azzone Visconti, der 1335 Herr von Como und des Veltlin wurde, Frieden geschlossen wurde. Das Addatal verlor dadurch seine autonomen Sonderrechte; Ausnahmen bildeten nur die Städte Bormio und Chiavenna, denen es gelang, der Herrschaft der Visconti zu widerstehen und einen Großteil ihrer Sonderrechte zu bewahren. Späteren blutigen Auseinandersetzungen von guelfischer Seite im Zusammenhang mit der venezianischen Invasion wurde von Piccinino mit Hilfe der Veltliner Ghibellinen ein Ende bereitet. Unter der Herrschaft von Francesco Sforza erlebte die Region eine relativ friedliche Zeit; nach seinem Tode drangen die Graubündner gewaltsam in das Veltlin ein, nachdem sie die Grenzen schon seit geraumer Zeit bedroht hatten (1486). Nach einer Niederlage bei Caiolo zogen sich die Graubündner zurück, nachdem sie einen ehrenvollen Friedensvertrag erhalten hatten. Aber sie ließen von ihren Herrschaftsplänen über das Veltlin nicht ab und schließlich besetzten sie das Tal durch Söldner (1512), ohne von Seiten der einheimischen Bevölkerung auf Widerstand zu stoßen, die die schlechte Regierung Ludwigs XII. noch gut im Kopfe hatte, die in Mailand nach der Vertreibung der Franzosen die Macht übernahm. Mit dem Anwachsen der Macht Kaiser Karls V. im Jahre 1535 erwachte erneut der Plan der Vereinigung der kaiserlichen Besitztümer in Deutschland mit jenen im Mittelmeerraum über die Straßen und Pässe der rätischen Region. Nachfolgende europaweiten Geschehnisse (Dreißigjähriger Krieg) stellten das Veltlin in den Mittelpunkt der Machtinteressen; die Machthabenden sahen im Besitz des Tales den einzigen Zugang zu ihren lebenswichtigen Interessen. Die Region spielte so in den Kriegsjahren des 16. und 17. Jh. eine außergewöhnlich strategische Rolle. Ein weiterer Unruheherd entstand, als es zwischen der katholischen Bevölkerung des Tales und den zahlreichen Vertriebenen, die im Tal Zuflucht gesucht hatten und die dem protestantischen Ideengut zusprachen, zu Auseinandersetzungen kam. Die Unzufriedenheit der Bevölkerung mit der Zentralregierung ging über religiöse Motive hinaus und explodierte im Aufstand vom 19. Juli 1620, der in die Geschichte als "Sacro Macello di Valtellina" einging; die Protestanten mussten über den Murettopass im Talschluss des Valmalenco oder durch das Màsinotal über den Zoccapaß in das Engadin fliehen. Die folgende Zeit (Veltliner Krieg) läßt sich in den weit gespannten Bogen der religiös motivierten Auseinandersetzungen in ganz Europa einordnen; sie jagten die Region in eine lange und blutige Zeit voller Kämpfe und Zerstörungen. In jener Zeit (1618) kam es auch zu einer großen Naturkatastrophe, weil sich im Val Bregaglia ein gewaltiger Bergsturz ereignete, der sich vom M. Conco löste. Die Gesteinsmassen begruben die Ortschaft Piùro unter sich und forderten beinahe 1200 Todesopfer. Im Jahre 1620 wehrten die aufständischen Talbewohner, unterstützt von spanischen Truppen, die erneuten Versuche der Graubündner ab, das Gebiet mit Hilfe von Bern und Zürich zurückzugewinnen. Kurze Zeit später (1624 - 1627) gelang es der Liga von Avignon, die Frankreich, Venedig und das Herzogtum Savoyen vereinte, die spanischen Widerstände im Tal gewaltsam zu brechen, nachdem alle anderen diplomatischen Lösungsversuche fehlgeschlagen hatten. Die schwelenden Kontraste aber erlöschten nicht einmal nach den Abkommen von Monzòn, die jedoch ein Ende der kriegerischen Auseinandersetzungen brachte. Der Durchzug der Landsknechte, die Mantua belagern wollten, und die nachfolgende Pestseuche von 1629 bis 1630 trafen die Region und die Bevölkerung besonders schwer, da man ja schon lange unter den negativen Ereignissen gelitten hatte. Im Jahre 1635 drang Frankreich mit militärischer Gewalt ein, um die spanischen Unternehmungen zur Unterstützung der deutschen Kaiser zu bremsen und blockierte die Zugänge zu den Straßen und Pässen im Veltlin, Die französischen Soldaten, angeführt vom Grafen Rohan, bemächtigten sich der Herrschaft über das Tal sehr rasch, wurden dann aber emeut von den Spaniern und den Graubündnern verjagt, die sich in der Zwischenzeit geeinigt hatten. Die Abkommen des Mailänder Kapitels (Capitolato milanese) vom 3. September 1639 gaben das Veltlin schließlich dem alten Besitzer zurück; sie bewahrten aber auch die Rechte der katholischen Bevölkerung.

Dieser Status quo blieb bis zur Französischen Revolution einigermaßen aufrecht, dann aber verbreiteten sich die jakobinischen Ideen sehr rasch und regten die Veltliner dazu an, die Vereinigung des Tales mit der "Cisalpina" zu proklamieren; ein Entschluss, der dann von Napoleon Bonaparte im Jahre 1797 ratifiziert wurde. Durch die Restauration infolge des Wiener Kongresses nach dem Sturz Napoleons wurden die Gebiete Lombardei, Venetien und die Region am Addafluss Österreich zugesprochen; letztere bildete die Provinz Sondrio, die den Gebietsansprüchen der Schweiz, die auch von der Bevölkerung unterstützt wurden, zuvorkam. Die Herrschaft Österreichs dauerte nahezu ein halbes Jahrhundert, bis Garibaldi an der Spitze seiner "Cacciatori delle Alpi" die Österreicher im Jahre 1859 in die Flucht schlug und den Feind über das Stilfserjoch zurückjagte. So endete die Herrschaft der Habsburger über die Lombardei - Venetien und über die Provinz Sondrio, obwohl während der Zeit unter Wien große Fortschritte in der öffentlichen Verwaltung erzielt worden waren und ein großer Beitrag zur Verwirklichung von gemeinnützigen Unternehmungen geleistet worden war. So verbaute und sicherte man zum Beispiel die großen Wasserläufe, baute die Passstraßen am Stilfserjoch, am Aprica- und am Splügenpass. Von nun an erfuhr die Region dasselbe Schicksal wie die Lombardei und das Königreich Italien.

Die ersten menschlichen Niederlassungen im Umkreis der heutigen Stadt Como sind höchstwahrscheinlich Anlagen prähistorischen Ursprungs, was die verschiedenen archäologischen Funde und die nahe liegenden, in die ersten Epoche der Eisenzeit datierbaren Nekropolen untermauern. Später war Como eine befestigte Siedlungsanlage der orobischen Gallier, welche von den kapitolinischen Legionen unter dem Befehl des Konsuls Q. Marcello (196 v.Chr.) erobert wurde. Im Jahre 89 v.Chr. wurde die Stadt als "Novum Comum" in das Römerreich eingegliedert und sie erhielt innerhalb der Städte der Poebene rasch eine immer größer werdende Bedeutung. Julius Cäsar verlieh ihr im Jahre 49 v.Chr. alle Rechte und Pflichten einer "Civitas Romana". Der Grundriss der antiken Anlage besaß eine streng geometrische Form, an die sich auch die mittelalterlichen Befestigungsanlagen anlehnten; so blieben die Spuren der alten römischen Anlagen erhalten. Mit dem Zerfall der römischen Zentralgewalt begannen auch für Como die zahlreichen Anstürme der barbarischen Horden; die nachfolgende langobardische Herrschaft wurde bald vom Herzogtum Mailand übernommen; unter der Herrschaft der Franken wurde Como eine selbständige Grafschaft. Um 1100 begann die freie Stadtgemeinde Como einen harten Kampf gegen das nahe und mächtige Mailand, der in der Zerstörung der Stadt endete. Der Frieden zu Konstanz (1183) und das Wohlwollen des Kaisers Barbarossa gestatteten den Wiederaufbau der Stadt und gaben ihr zudem Sonderrechte nach dem Vorbild der anderen lombardischen Städte. Blutige Familienfehden in der Stadt selbst zwischen den Geschlechtern der Rusconi und Vittani, die im Rahmen der ausgedehnten Streitigkeiten zwischen Ghibellinen und Guelfen erfolgten, konnten den wirtschaftlichen und politischen Aufstieg Comos nicht verhindem. Im letzten Drittel des 14. Jh. kam die Stadt über ein Jahrhundert lang unter die Herrschaft der Visconti. Nach einem vergeblichen Versuch, eine republikanische Regierung zu errichten, kam die Stadt unter die Herrschaft der Sforza (1450) und musste von nun an ihr Schicksal mit jenem von Mailand teilen. In der ersten Hälfte des 16. Jh. kam es zu Plünderungen und Brandschatzungen durch spanische Truppen, die dann in Como lange Zeit eine Schreckensherrschaft ausübten. Als Folge der Verträge von Radstadt (1714) wurde Como an die mailändischen Besitzungen der Habsburger angegliedert; später gehörte die Stadt zur "Cisalpinen Republik", zum Königreich Italien und zur Lombardei- Venetien. Während der nationalen Befreiungskriege wurde Como von den Österreichern hart unterdrückt, schließlich aber von den garibaldinischen Milizen (1859) befreit. Kontinuierliche Veränderungen der Wirtschaftsstruktur führten zu einem raschen Wachstum der Seidenherstellungsindustrie, später der mechanischen Industrie. Im April 1945 kam es durch Partisanen zur Gefangennahme und zur Exekution von Benito Mussolini, der nach dem Zusammenbruch des faschistischen Systems in die Schweiz flüchten wollte.

Wie verhält man sich während der Wanderungen?

Das Wandern in einer fast unberührten, natürlichen Landschaft stellt für den Menschen ein einzigartiges Erlebnis dar. Will der Wanderer Erholung und Genugtuung finden, sollte er einige Ratschläge befolgen. Unerfahrene Personen sollten vor allem nur leichte Touren untemehmen, die bei normalen Wetterverhältnissen ohne Hilfe eines Führers durchgeführt werden können. Gebirgstouren verlangen eine besondere Erfahrung oder die Begleitung eines Bergführers. Die Grundausrüstung eines Wanderers sollte aus Folgendem bestehen: Bergschuhe oder Stiefel mit Profilsohlen, geeignete Bekleidung, Rucksack, Regenschutz, Taschenapotheke, Sonnenschutz (Sonnenöl) und Wanderkarte. Eine Taschenlampe, ein Kompass und ein Höhenmesser sind weitere wertvolle Hilfsmittel. Vor Beginn einer Tour sollte man sich über den Zustand und die Länge der Strecke genau informieren, sowie auch über den Schwierigkeitsgrad, ohne zu vergessen, die körperliche Verfassung eines jeden zu überprüfen. Auderdem sollten die Wetterverhältnisse und die örtlichen Verhältnisse beachtet werden, auch unter Befragung der einheimischen Bevölkerung.

Alpines Notsignal: Sechsmal innerhalb einer Minute in regelmäßigen Zeitabständen ein sichtbares oder hörbares Zeichen geben und hierauf eine Pause von einer Minute eintreten lassen. Das gleiche wird wiederholt, bis Antwort erfolgt.

Antwort: Innerhalb einer Minute wird **dreimal** in regelmäßigen Zeitabständen ein sichtbares oder hörbares Zeichen gegeben.

Schutzhüttenverzeichnis

Alle Angaben sind ohne Gewähr! Bitte erfragen Sie vor Beginn der Wanderung im Talort die Bewirtschaftungszeiten und die Unterkunftsmöglichkeiten.

Allievi-Bonacossa, Rifugio, 2395 m (D 5), C.A.I. Mailand, im oberen Val Zocca. Zugang: von S. Martino im Val Màsino Wanderweg durch das Valle di Mello, dann Aufstieg durch das Val Zocca, ca. 5 Std. Übergänge: zum Biv. Molteni Valsecchi, über den Passo d'Averta und den Passo Qualido, ca. 3 Std.; zum Biv. Manzi-Pirotta, über den Passo Val Torrone, ca. 2 Std. Wanderung zum Passo di Zocca, 2749 m, ca. 1.30 Std.; von dort zum Rif. Capanna da l'Albigna, ca. 2 Std.

Bertacchi G., Rifugio, 2196 m (B 1), C.A.I. Mailand, in der Nähe des Emet-Sees. Zugang: markierter Wanderweg von Madesimo, ca. 2 Std. Übergänge: nach Innerferrera (Schweiz), Wanderweg über den Passo d'Emet, 2294 m, ca. 3 Std.; nach Montespluga, in der Nähe des gleichnamigen Sees, markierter Wanderweg über Andossi, ca. 1.30 Std. Gipfel: Pizzo Emet, 3208 m, ca. 3.30 Std. (nur für Geübte).

Bottani-Cornaggia, Bivacco, 2327 m (C 7), Gruppo Aquile di Morbegno, an den südöstlichen Hängen der Cima del Malvedello. Zugang: von Poira, ca. 4 Std. Übergang: zur Capanna Volta (zum Übernachten die Schlüssel beim C.A.I. von Como anfordern), Aufstieg bis 2636 m Höhe, dann Abstieg in das Valle dei Ratti und dann erneut im Aufstieg zum Ziel, ca. 5 Std. Gipfel: Cima del Malvedello, 2640 m, ca. 1.30 Std.

Brasca Luigi, Rifugio, 1304 m (C 5), C.A.I. Mailand, auf der A. Coeder (Val Codera). Zugang: von Novate Mezzola über einen markierten Wanderweg durch das Val Codera, ca. 4 Std. Übergänge: zum Biv. Pedroni-Del Prà, Bergpfad durch das obere Val Codera, ca. 4.30 Std.; zum Rif. Gianetti, Wanderweg "Roma" über den Passo del Barbacan, 2620 m, ca. 5.30 Std.; zum Rif. Omio, über den Passo dell'Oro, 2574 m, ca. 4.30 Std.; zum Biv. Valli, ca. 2.15 Std.

Camanin, Rifugio, 1800 m (A 2), Privatbesitz im Gebiet von Andossi. Zugänge: auch mit Kfz.; markierter Wanderweg von Madesimo, ca. 1 Std. Übergänge: zum Rif. Stuetta, 45 Min.; zum Rif. Bertacchi, Wanderweg nach Madesimo, von dort Aufstieg zum Emet-See, ca. 2.30 Std.

Capanna da l'Albigna, 2333 m (D 4), Eigentum des S.A.C. Schweizer Alpen-Club, an den Berghängen, die den gleichnamigen See umrahmen (auf der orographisch linken Seite des schweizerischen Bergelltales). Zugang: Wanderweg von Vicosoprano, ca. 4 Std. Übergänge: zum Rif. Capanna del Forno, Bergpfad über den Pass da Casnil-Dadent, 2941 m, ca. 4.30 Std. (nur für erfahrene Alpinisten, Gletscherquerung); zur Capanna Sciora, man folgt dem Bergpfad am südlichen Ufer des Albignabeckens über den Passo Cacciabella, 2895 m, ca. 5 Std; zum Rif. Allievi, über den Vadrec da l'Albigna und den Passo di Zocca, 2749 m, ca. 3 Std. (nur für Geübte, Gletscherquerungen).

Capanna del Forno, 2574 m (D 4), Eigentum des S.A.C. Schweizer Alpen-Club, unterhalb der Sella del Forno. Zugang: vom Plan Canin, 2.30 Std. (mittel). Übergänge: zur Cima di Rosso, 3366 m, 3 Std. (nur für Geübte, schwierige Gletscherquerung); nach Chiareggio über Sella del Forno und Alpe Vazzeda, 4 Std. Siehe auch die KOMPASS-Wanderkarte, Blatt 93 "Bernina-Sondrio".

Capanna Sasc Furä, 1904 m (C 4), Eigentum des S.A.C. Schweizer Alpen-Club, im Gebiet Sasc Furä. Zugang: Wanderweg von Bondo (schweizerisches Val Bregaglia), ca. 2.45 Std. Übergänge: zur Capanna Sciora über den Vial, 2250 m, ca. 2.30 Std.; zum Bivacco Pedroni-Del Prà, über den Passo della Trubinasca, 2701 m, ca. 3 Std.

Capanna Sciora, 2120 m (D 4/5), Eigentum des S.A.C. Schweizer Alpen-Club, im oberen Val Bondasca. Zugang: von Bondo, ca. 4 Std. Übergänge: zur Capanna Sasc Furä, Wanderweg über den Vial, 2250 m, ca. 2.30 Std.; zur Capanna Albigna, über den Passo Cacciabella, 2895 m, ca. 4.30 Std.

Casorate Sempione, Bivacco, 2100 m (C 6), Eigentum des C.A.I. von Gallarate, Unterstand auf der orographisch linken Seite des Val Ladrogno. Zugang: Wanderweg von Novate Mezzola nach Codera, Monticello, Mottala, Ladrogno, ca. 5.30 Std.

Cecchini G., Bivacco, 2770 m (A 1), C.A.I. Vallespluga-Madesimo, im oberen Val Loga. Zugang: von Montespluga, 2.30 Std. Gipfel: Cima di Val Loga, 3003 m, 1 Std.; Pizzo Ferrè, 3103 m, 1.30 Std.

Chiara e Walter, Bivacco, 2660 m (B 3), C.A.I. Chiavenna, in der Nähe des Passo di Lei. Zugänge: von Savogno, ca. 5 Std.; von der Alpe Pian del Nido (Valle di Lei) ca. 2.30 Std.; von Avero über den gleichnamigen Pass, 2332 m, ca. 4 Std. Übergang: zum Rif. Chiavenna in der Nähe des Angelogasees, zuerst Abstieg in das Valle di Lei, dann Aufstieg über den Passo di Angeloga, 2391 m, ca. 3.30 Std.

Chiavenna, Rifugio, 2044 m (B 3), C.A.I. Chiavenna, auf der A. Angeloga. Zugang: von Fraciscio, Aufstieg über das Tal des Torrente Rabbiosa, ca. 2.30 Std. Übergänge: nach Madesimo über die Costa di Fortezza, ca. 2.45 Std. Aufstieg zur Punta Groppera, 2948 m, über den Passo di Angeloga, 2391 m, ca. 2.45 Std.; zum Bivacco Chiara e Walter übei den Passo di Angeloga, 2391 m, zunächst Abstieg in das Val di Lei, schließlich erneut Aufstieg zum gleichnamigen Pass in dessen unmittelbarer Nähe sich unser Ziel befindet, ca. 4.30 Std.

Manzi-Pirotta, Bivacco, 2538 m (D 5), C.A.A.I. Mailand, im oberen Val Torrone. Zugang: von S. Martino (Val Màsino) durch das Valle di Mello und das Val Torrone, ca. 6 Std. Übergänge: zum Rif. Allievi-Bonacossa über den Passo Val Torrone, 2518 m, ca. 2 Std.; zum Rif. Ponti über den Sentiero Roma (siehe auch KOMPASS-Wanderkarte, Blatt Nr. 93 "Bernina-Sondrio"), ca. 4.45 Std.

Molteni-Valsecchi, Bivacco, 2510 m (D 5), C.A.I. Como, im oberen Valle del Ferro. Zugang: von S. Martino (Val Màsino), durch das Valle del Ferro ca. 5 Std. Übergänge: zum Rif. Gianetti, man folgt dem Sentiero Roma, überquert den Passo Camerozzo, 2765 m, ca. 3 Std.; zum Rif. Allievi-Bonacossa auf dem Sentiero Roma, man überquert den Passo Qualido, 2647 m, und den Passo d'Averta, ca. 3 Std.

Omio A., Rifugio, 2100 m (C 6), S.E.M. Mailand, auf den Anhöhen oberhalb Bagni del Màsino. Zugang: von Bagni del Màsino, ca. 3 Std. Übergänge: zum Rif. Brasca, über den Passo dell'Oro, 2574 m, ca. 4 Std.; zum Rif. Gianetti, über den Passo del Barbacan, ca. 3 Std. Gipfel: Cima del Barbacan, 2598 m, ca. 2 Std.

Pedroni-Del Prà, Bivacco, 2592 m (C 5), C.A.I. Novate Mezzola, im Talschluss des Val Codera, im Gebiet der Trubinasca. Zugang: von der Alpe Coeder (in der Nähe das Rif. Brasca) ca. 4 Std. Übergänge: zum Rif. Gianetti, über den Passo Porcellizzo, 2862 m, ca. 2.30 Std. (nur für Geübte, Gletscher- und Felsquerungen); zur Capanna Sasc Furä über den Passo della Trubinasca, 2701 m, ca. 3 Std.

Petazzi B., Bivacco, 2248 m (A 6), C.A.I. Dongo, Unterstand in der Nähe des Ledùsees. Zugang: von Livo man folgt zum Teil der "Via del Monti Lariani" dann Aufstieg durch das Val Darengo, wo man dann von Borgo über Stabiel, zum Ziel aufsteigt, insgesamt ca. 6 Std.; zum Motto Rotondo, 2452 m, ca. 45 Min.; zum Lago di Darengo, ca. 4.30 Std.

Redaelli A., Bivacco, 3300 m (C 5), Eigentum der "Ragni di Lecco", in der Nähe des Piz Badile. Der Zugang, aber auch die Übergänge und Aufstiege, sind erfahrenen Alpinisten vorbehalten.

Roccoli dei Lorla, Rifugio, 1463 m (B 9), C.A.I. Dervio, Hütte auf dem Bergkamm zwischen dem M. Legnone und dem M. Legnoncino (siehe auch KOMPASS-Wanderkarte, Blatt Nr. 91 "Lago di Como-Lago di Lugano"). Zugänge: auch mit Kfz. von Tremenico aus; zu Fuß von Villatico, ca. 4 Std.; von Sommafiume, ca. 1.30 Std. Übergänge: zum M. Legnone, 2609 m, insgesamt ca. 3 Std. (nur für Geübte); zum M. Legnoncino, 1714 m, ca. 1 Std.

Ronconi T., Bivacco, 3169 m (D 5), Gruppo Edelweiß Morbegno, in der Nähe des Passo di Bondo. Der Zugang erfolgt vom Rif. Gianetti aus; zunächst folgt man dem Sentiero Roma, dann Aufstieg über spärliche Pfadspuren, ca. 2.45 Std.

Scotti, Rifugio, 1500 m (D 6), Privatlokal, im Valle di Sasso Bisolo. Zugang: auch mit Kfz. oder auf Wanderweg von Cataeggio aus (Val Màsino), ca. 2.30 Std. Für den Übergang zum Rif. Ponti siehe KOMPASS-Wanderkarte, Blatt Nr. 93 "Bernina-Sondrio".

Stuetta, Rifugio, 1870 m (A 1), Privatlokal, im Weiler Stuetta. Der Zugang kann von der Staatsstraße zum Splügenpass oder auf einem Wanderweg von Madesimo aus erfolgen, ca. 2 Std. Übergänge: zum Bivacco Cecchini, zunächst geht man unterhalb des Montespluga-Staudammes, dann folgt man einem Wanderweg durch das Valle Schisarolo, ca. 3.30 Std.; zum Rif. Bertacchi, Bergpfad, ca. 1.30 Std.

Suretta, Bivacco, 2748 m (A 1), C.A.I. Vallespluga, am südwestlichen Ende des Surettagletschers. Zugang: von Montespluga, ca. 2.30 Std. Übergang: zum Rif. Bertacchi über den Passo di Suretta, 2580 m (Staatsgrenze), man streift den Lago Ghiacciato, kehrt dann in italienisches Staatsgebiet zurück und erreicht schließlich den Emet-See, wo sich die Schutzhütte befindet, ca. 3.30 Std.

Valli C., Bivacco, 1870 m (C 6), C.A.I. Como, auf der A. Arnasca. Zugang: von Novate Mezzola, Wanderweg durch das Val Codera, dann Aufstieg durch das Val Spassato, insgesamt ca. 5 Std. Übergänge: zum Rif. Brasca, Bergpfad, ca. 1.30 Std.; zum Rif. Omio, man folgt dem Weg zum Rif. Brasca über den Passo dell'Oro, 2574 m, ca. 6 Std.

Politische Übersichtsskizze 1:500000

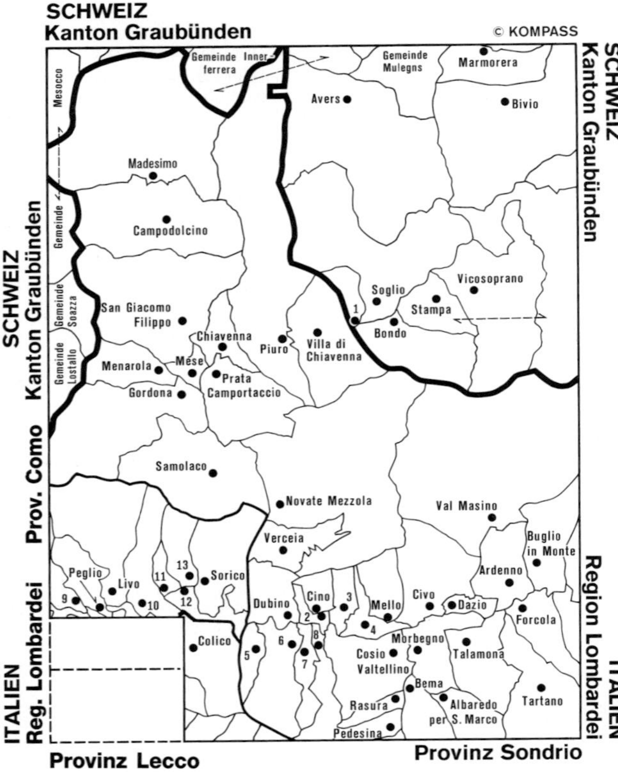

Staatsgrenze

Provinzgrenze

Gemeindegrenze

● Gemeindehauptort

Abkürzungen:

Kanton Graubünden: 1=Castasegna

Provinz Sondrio: 2=Mantello; 3=Cercino; 4=Traona; 5=Piantedo; 6=Delebio; 7=Andalo Valtellino ; 8=Rogolo

Provinz Como: 9=Dosso del Liro; 10=Vercana; 11=Trezzone; 12=Gera Lario; 13=Montemezzo

ARDENNO

Gde. (D 7), Prov. Sondrio, Einw.: 3018, Höhe: 266 m, Postltz.: I-23011. **Auskunft:** Municipio (Gemeindeamt) Ardenno. **Bahnstation:** Ardenno.

Der alte Veltliner Ort Ardenno liegt, nicht weit von der Abzweigung in das Val Màsino entfernt, in einer sehr günstigen Lage an der Straße mit dem klingenden Namen "Valeriana". Wegen seiner strategisch wichtigen Lage hatte der Ort bereits im Mittelalter eine große Bedeutung, denn er war Mittelpunkt einer ausgedehnten Pfarrei. Hier wurde nach der Schlacht von Caiolo (2. Hälfte des 15. Jh.) auch der Vertrag zwischen den Mailändern und den Graubündnern geschlossen. In der ersten Hälfte des 15. Jh. wurde das Dort durch mehrere katastrophale Murenabgänge schwer in Mitleidenschaft gezogen. Um 1400 ließen sich Angehörige des Parravicini-Geschlechtes im Ort nieder, die im darauf folgenden Jahrhundert sehr häufig in Auseinandersetzungen mit den Graubündnern verwickelt waren. Der Ort erlebte in den vergangenen Jahrhunderten ein starkes Auswanderungsphänomen. Heute hat Ardenno eine Wirtschaftsstruktur, die hauptsächlich von Handwerks- und Industriebetrieben geprägt wird; die Landwirtschaft, und die damit verbundene Viehzucht, ist sehr stark zurückgegangen. Noch weit verbreitet ist der Weinanbau.

Sehenswert im Ort und in der Umgebung

Die **Kollegiatskirche S. Lorenzo** ist ein antiker Bau; der derzeitige Baukörper stammt aus dem 15. Jh., er wurde später nochmals erneuert. Der **Glockenturm**, wahrscheinlich römischen Ursprungs, wurde ebenfalls erneuert und später wieder erbaut. Im Inneren gibt es interessante Kunstwerke. Der **Visconti Sforza-Palast**. Der **Zaccaria-Palast**. Der **Parravicini-Sabini-Palast** (17. Jh.). In Biolo die **Kirche S. Maria Assunta**; das Fresko an der Fassade stammt aus dem 15. Jh. In Pioda die **Wallfahrtskirche S. Gottardo**, Anfang 18. Jh.

Spazierwege und Bergtouren

Zur Cima di Granda, 1705 m, Wanderweg von Erbolo (bis dorthin mit dem Kfz.), 2 Std.; oder auch von Our di Cima, 1.30 Std. Nach Cataeggio im Val Màsino (Ausgangspunkt für zahlreiche Bergtouren), man folgt zum Teil dem vorhin beschriebenen Weg, Abstieg nach Cataeggio über Baite Tajada und Baita Motale, ca. 5.30 Std.

AVERS

Gde. (BC 1), Kanton Graubünden, Einw.: 128, Höhe: 2000 m, Postltz.: CH 7447 GR. **Auskunft:** Avers Tourismus. **Bahnstation:** Thusis (30 km).

Dort, wo sich das Madrisertal, das vom Madriser Rhein durchflossen wird, mit dem Tal des Averser Rheins vereint, liegen die Siedlungen der Schweizer Gemeinde Avers Cresta verstreut. Die malerischen Weiler, die an den steilen Berghängen kleben, sind das Ziel zahlreicher Erholungssuchender, aber auch Ausgangspunkt für interessante und anspruchsvolle Wanderungen.

Sehenswert im Ort in der Umgebung

Das **Dörfchen Juf**, die höchstgelegene ganzjährig bewohnte Siedlung Europas, 2126 m, die antike **Kirche** aus der Spätromanik, die von einem Glockenturm aus der 2. Hälfte des 18. Jh. flankiert wird. Im Inneren Wandmalereien aus dem 15. Jh. Das **Podestatsch Hus**, Ansitz eines Veltliner Gerichtsherrn aus dem 16. Jh.

Spazierwege und Bergtouren

Zu den Bandseen, 2599 m, Wanderweg von Cresta, ca. 2.30 Std. Übergang nach Soglio im eidgenössischen Bergelltal; man folgt dem Bergpfad von der Alp Sovrana (oberes Val Madris) bis zum Passo della Prasignola, 2724 m, dann Abstieg zum Ziel, ca. 6.30 Std. Zum Caldera-See, 2576 m, von Juppa über Bergalga und über den Bergalgapass, 2790 m, ca. 3.30 Std.

Zur Forcella da Faller, 2838 m, Bergpfad von Juf, ca. 2.30 Std. Übergang nach Bivio über den Stallerberg, 2579 m, von Juf, ca. 3.30 Std. Übergang nach Casaccia (oberes schweizerisches Bergelltal) von Juf über die Fuorcla da la Valetta, 2586 m, weiter über Forcellina, 2672 m man erreicht den Septimerpass, 2310 m, von dort Abstieg zum Ziel, ca. 6 Std.

BIVIO

Gde. (D 1), Kanton Graubünden, Einw.: 223, Höhe: 1769 m, Postltz.: CH 7457 GR. **Auskunft:** Verkehrsverein Bivio. **Bahnstation:** Tiefencastel (25 km). **Bergbahnen**: Skilift.

Die Siedlung liegt im Talschluss eines ausgedehnten Hochtales auf einer Anhöhe an der alten Passstraße die zum Septimerpass führt und das große, weite Gelgiatal mit dem oberen Abschnitt des Bergelltales verband. Der eigenartige Ortsname Bivio (Beiva in der rätoromanischen Etymologie) bezeichnet genau diese geographische Konstellation und bedeutet "Weggabelung". Die einheimische Bevölkerung verwendet in ihrem gesprochenen Dialekt zahlreiche Ausdrücke, die dem Italienischen sehr ähnlich sind; die Ortschaft besitzt Unterkunftsmöglichkeiten für Durchreisende, Wintersportler und Wanderer, die von Bivio aus zahlreiche Wanderungen in einer reinen, sauberen Umwelt mit hohem Erholungswert unternehmen können.

Sehenswert im Ort und in der Umgebung

Die St. Gallus geweihte **Pfarrkirche** mit kostbaren Holzschnitzereien aus dem 16. Jh. im Inneren. Bei Marmorera das gleichnamige **Staubecken**. Die Ruinen des alten **Schlosses von Marmorera** (1100 ca.). Die Überreste eines gleichaltrigen **Turmes**, Spliatsch genannt.

Spazierwege und Bergtouren

Übergang nach Casaccia, im oberen Bergelltal, Bergpfad über den Septimerpass, 2310 m, ca. 4.30 Std. Nach Marmorera, Wanderweg nach Guet da Beiva und Natons, ca. 1.30 Std. Zur Roccabella, 2731 m, Bergpfad über Tua, Fumia und Emmat, ca. 3 Std. Zum Stallerberg, 2579 m, Wanderweg, ca. 2.45 Std. Übergang nach Juf, durch das Valletta da Beiva und über Fuorcla da la Valetta, 2586 m, ca. 5 Std.

BONDO

Gde. (C 4), Kanton Graubünden, Einw.: 161, Höhe: 823 m, Postltz.: CH 7606 GR. **Auskunft:** Gemeindeamt Bondo. **Bahnstation:** Chiavenna (12 km), St. Moritz.

Die Ortschaft liegt auf der hydrographisch linken Seite des Maira-Flusses, wo letzterer den Tribut des Bondascabaches erhält, der aus dem gleichnamigen Tal kommt. Das Dorf liegt im schweizerischen Bergelltal und ist ein idealer Ausgangspunkt für Wanderungen und Hochgebirgstouren; er besitzt zudem interessante architektonische und bauliche Eigenheiten.

Sehenswert im Ort und in der Umgebung
Die romanische **Kirche S. Martino** mit wertvollen Fresken aus der 2. Hälfte des 15. Jh. Zahlreiche typische **Ansitze** (16.-18. Jh.), von denen der **Salis Palast** besonders hervorsticht (2. Hälfte des 18. Jh.); sein Inneres ist sehr reich ausgeschmückt und birgt heute Kunstwerke von namhaften Meistern. Die **Kirche Nossa Donna** im Dorf Promontogno aus dem 19. Jh. Der alte **römische Turm**.

Spazierwege und Bergtouren
Zur Capanna Sasc Furä, Bergpfad durch das Val Bondasca; nach Laret hält man sich rechts, bis man das Ziel erreicht, ca. 2.45 Std. Zur Capanna Sciora, Aufstieg durch das Val Bondasca bis zum Fuße des gleichnamigen Gletschers, wo sich auch die Schutzhütte befindet, ca. 4 Std. Zum Bivacco Pedroni-Del Prà, Wanderweg über Brégan, Vöga, Cänt, A. Tegiola, dann Aufstieg zur Bocchetta della Tegliola, 2490 m, von dort erreicht man das Ziel, insgesamt ca. 7 Std. Spazierweg nach Promontogno, 15 Min.

CAMPODOLCINO

Gde. (A 3), Prov. Sondrio, Einw.: 1108, Höhe: 1071 m, Postltz.: I-23021. **Auskunft:** Pro Loco (Verkehrsverein) Campodolcino. **Bahnstation:** Chiavenna (12 km). **Bergbahnen**: Seilbahn, Sessellift, Skilift.

Der bekannte Sommerfrischeort wird zunehmend auch im Winter von zahlreichen Wintersportlern aufgesucht. Der Ort liegt im Valle San Giacomo zur hydrographisch linken Seite des Lirobaches, in der Nähe der Einmündung des Rabbiosabaches, der das gleichnamige Tal entwässert. Die ausgedehnten Felder und Wiesen in der Talsohle werden von beeindruckenden Felswänden umrahmt. Wahrscheinlich war Campodolcino eine römische Niederlassung; die Siedlung wird in einer alten Wegkarte als Tarvessedo bezeichnet. Die Ortschaft bettet sich in eine landschaftlich schöne und unberührte Umgebung und ist schließlich auch ein bequemer Ausgangspunkt für Wanderer, Kletterer und Bergsteiger.

Sehenswert im Ort und in der Umgebung
Die dem Hl. Johannes d. T. geweihte **Pfarrkirche**; sie enthält Kunstwerke aus dem 17. und 18. Jh. Ein kostbares Fresko aus dem 15. Jh. im Pfarrhaus. Die **Madonna d'Europa**, eine vergoldete Statue, die die Hochfläche von Motta beherrscht. Die "**Caurga**" (eine Schlucht) des Wildbachs Rabbiosa, die zu den Naturdenkmälern der Region Lombardei zählt.

Spazierwege und Bergtouren
Zum Passo del Servizio, 2584 m, Wanderweg von Pietra zur A. del Servizio, ca. 5 Std. Zum Bivacco Chiara e Walter am Passo di Lei, 2660 m, von Fraciscio über Gualdera, A. di Bondeno, Avero, Piangesca, von dort Aufstieg zum Ziel, ca. 8/9 Std. Zum Rif. Chiavenna, von Fraciscio, ca. 2.30 Std. Nach Motta, 1725 m, von Fraciscio, 1.30 Std. Zur Punta Groppera, 2948 m, von Fraciscio über die Costa di Fortezza, ca. 5 Std. Nach Madesimo, 1560 m, über Piano del Lanzo, ca. 1.30 Std.

CASTASEGNA

Gde. (C 4), Kanton Graubünden, Einw.: 176, Höhe: 690 m, Postltz.: CH 7608 GR. **Auskunft:** Gemeinde Castasegna. **Bahnstation:** Chiavenna (10 km).

In dieser Ortschaft, an der Staatsgrenze im schweizerischen Bergell, befindet sich eine Zollstation. Das Dorf liegt oberhalb der Maira am Zusammenfluss der Casnaggina und des Luver. Die sonnigen Hänge des Bergells bieten viele Wandermöglichkeiten.

Sehenswert im Ort und in der Umgebung

Die kleine **Kirche San Giovanni Battista** mit deutlichen romanischen Merkmalen. Die umgebaute **Kirche S. Trinità** (2. Hälfte des 17. Jh.), 1974 restauriert. Der schöne **Kastanienwald "Brentan"** oberhalb des Dorfes mit dem Kastanienlehrpfad.

Spazierwege und Bergtouren

Zum Passo della Prasignola, 2724 m, Wanderweg über Soglio, Curtinac, Dair, Leira, ca. 6 Std. (die Fortsetzung der Wanderung bis ins Val Madris ist lange und beschwerlich). Zum Biv. Pedroni-Del Prà über die Bocchetta della Tegliola, 2490 m, ca. 8 Std. In das Gebiet Lera d'Sura, 1894 m, über Casnac, Ceresc und Cänt, ca. 4.30 Std. Zum Passo da la Duana, 2694 m, zuerst nach Soglio und Tombal, ab dort Aufstieg zum Ziel, ca. 6 Std.

CHIAVENNA

Gde. (B 4), Prov. Sondrio, Einw.: 7365, Höhe: 333 m, Postltz.: I-23022. **Auskunft:** Azienda Promozione Turistica Chiavenna, Consorzio Turistico Valchiavenna, **Bahnstation:** Chiavenna.

Das Städtchen liegt an den Zufahrtsstraßen zur nahen Schweizer Staatsgrenze und dehnt sich an beiden Ufern des Meraflusses aus, wo das Valle San Giacomo mit dem Val Bregaglia zusammentrifft. Ringsum erheben sich beeindruckende Bergriesen. Die Stadt mit ihren kleinen Industriebetrieben und dem ausgeprägten Dienstleistungssektor ist auch ein bekannter Fremdenverkehrs- und Erholungsort und ohne Zweifel der Hauptort des italienischen Val Bregaglia und des Merabeckens. Der Ort war schon in der Römerzeit ein wichtiger Militärstützpunkt am Fuße des komplexen Systems der alpinen Pässe (Splügen, Septimer, Maloja, Julier); er wurde dann Grafschaft, die zunächst an das Bistum Como angegliedert wurde, später dann an das Bistum Chur. Gegen Ende des 11. Jh. erhielt die stark befestigte und strategisch wichtige Siedlung umfangreiche, freie Stadtrechte. Als Herrschaftsgebiet der Visconti (14. Jh.) und der Balbiani (15. Jh.) wurde sie später Besitz des Herzogtums Savoyen, dann Graubündens. In der ersten Hälfte des 17. Jh. nahm Chiavenna an den Aufständen der Veltliner Bevölkerung gegen die Unterdrückung durch die Graubündner teil. In neuerer historischer Zeit wurde die Stadt Besitz der Franzosen und der Österreicher, bevor sie im Jahre 1859 zum Mutterland Italien kam. In der Stadt wurden zwei berühmte Persönlichkeiten geboren: der Mazzini-Anhänger Maurizio Quadrio und der Dichter Giovanni Bertacchi. Die gebirgige Umgebung von Chiavenna ist von großer landschaftlicher, fast noch unberührter Schönheit und bietet eine große Anzahl von Wanderungen und Bergtouren.

Sehenswert im Ort und in der Umgebung

Auf der zentralen **Piazza Castello** erkennt man den **Salis-Palast** (18. Jh.) und den mit Türmchen versehenen **Balbiani-Palast** (15. Jh.). Der **Felssporn Paradiso**, auf dem ein uraltes Schloss stand, in dem sich im Laufe der Geschichte viel Bedeutsames ereignete. In der ganzen Umgebung gibt es Spuren von antiken Befestigungsanlagen. Die S. Lorenzo geweihte **Pfarrkirche** wurde nach einem Brand im 16. Jh. grundlegend erneuert und war ursprünglich ein romanisches Bauwerk. Interessant ist der allein stehende **Glockenturm** (Ende des 16. Jh.). Das **Baptisterium** ist ein polygonaler Bau, der ein romanisches Taufbecken enthält. Das **Museo del Tesoro** (Schatzmuseum) verwahrt zahlreiche wertvolle Paramente und sakrale Gegenstände und den "Frieden von Chiavenna" mit einem Evangeliar (12. Jh.) aus getriebenem Gold, mit Juwelen und wertvollen Miniaturen, ein Meisterwerk der mittelalterlichen Goldschmiedekunst. Die Überreste der alten **Stadt-**

mauer mit einem interessanten Turm, der von Zinnen gekrönt wird. Die **Paläste Pestalozzi** und Salis. Die charakteristischen "**crotti**", natürliche, felsige Schluchten, wo eine konstant niedere Temperatur die Konservierung von Wein, Wurstwaren und Fleisch ermöglicht. Die Anlage **Mulino Bottonera**, eine Mühle der früheren Bäckerei Moro, stammt aus dem 19. Jh.; nach einem Umbau dient sie heute als Museum für Industriearchäologie.

Spazierwege und Bergtouren

Zur Ortschaft Pianazzola, 635 m, man folgt der bergwärts führenden Fahrstraße, ca. 45 Min. Nach Uschione, 832 m, ein kleiner Weiler an den Abhängen des Mottaccio; von dort genießt man einen herrlichen Ausblick auf Chiavenna, Wanderweg, ca. 1.30 Std. Zum Bivacco Chiara e Walter am Passo di Lei, 2660 m, Wanderweg nach Prosto, Savogno, Aufstieg durch das Valle dell'Acqua Fraggia, weiter über Piangesca und von dort zum Ziel, ca. 7 Std. Zum Lago dell'Acqua Fraggia, 2043 m, man folgt zum Teil dem vorhin beschriebenen Weg, ca. 5 Std.

Zum kleinen Bergsee Laghetto del Mottaccio, ca. 1900 m, über Uschione, A. Prato del Conte, A. Tecciali, ca. 5 Std.

CIVO

Gde. (C 8), Prov. Sondrio, Einw.: 1011, Höhe: 237/2845 m, Postltz.: I-23010. **Auskunft:** Municipio (Gemeinde) Civo. **Bahnstation:** Morbegno (8 km).

Die Weiler der Streugemeinde Civo verteilen sich in lieblicher Lage an den sonnigen Abhängen der Gebirgskette, die vom Norden her steil in das darunter liegende, vom Adda durchflossene Tal abfallen. Die Ortschaft und ihre benachbarten Weiler laden zu Urlaub und Sommerfrische in einem noch fast intakten Rahmen ein. Von den Orten aus gibt es immer wieder herrliche Ausblicke auf die Bergamasker Alpen. In der Umgebung können leichte und erholsame Spaziergänge, aber auch anspruchsvolle Wanderungen durchgeführt werden.

Spazierwege und Bergtouren

Von der Ortschaft Poira (bis dorthin mit Kfz.) erreicht man das Biv. Bottani- Cornaggia, 2327 m, Wanderweg, ca. 4 Std. Zur Cima del Malvedello, 2640 m, von Poira nach Pre Saccio, ca. 4.30 Std. Zum Gebiet Prati Aragna, 1146 m, über Mello, weiter auf dem Wanderweg, ca. 2 Std. Wandert man auf dem selben Bergpfad weiter, erreicht man den Passo Culmine, 1818 m, insgesamt ca. 5 Std.

CÒLICO

Gde. (B 8), Prov. Lecco, Einw.: 6257, Höhe: 218 m, Postltz.: I-23823. **Auskunft:** Municipio (Gemeinde) Còlico. **Bahnstation:** Còlico.

Còlico liegt am Ostufer der Lario, unweit vom Trivio di Fuentes, der den Verkehr aus dem Valtellina, vom Maloja und Splügenpass und von beiden Lario-Ufern übernimmt. Der dem Hafen zugewandte Teil der Ortschaft (Còlico Piano) entstand ab der zweiten Hälfte des 19. Jh.s nach den Meliorierungsarbeiten an der Adda-Mündung, während die höher gelegenen Siedlungen (Olgiasca, Laghetto, Villatico, Curcio) weit älteren Ursprungs sind. Der Wohnort liegt am Fuße des Monte Legnone und der anderen Berge, die im Norden den Arm des Lago di Como begrenzen, der Lecco genannt wird.

Sehenswert im Ort und in der Umgebung
Der **Laghetto di Piona**. Die **Abtei Piona** (13. Jh.). **Forte Fuentes** (Beginn des 17. Jh.s). **Forte Montecchio Lusardi**, einziges Festungswerk aus dem Ersten Weltkrieg, das noch mit Kanonen ausgestattet ist. **Torre di Fontanedo** (Ende 14. Jh.). **Oratorio di S. Rocco** mit Apsis aus dem 15. Jh. Siehe auch KOMPASS-Wanderkarte, Blatt Nr. 91 "Lago di Como-Lago di Lugano".

Spazierwege und Bergtouren
Zu den Schutzhütten des Gebietes, siehe dort. Auf die Cima die Scoggione, 1703 m, von Villatico (bis dort mit Auto), über Robustello, Fontanedo, Scoggione basso, 1218 m, ca. 4 Std. Zur Punta dei Merli, 2129 m, von Villatico über Gambotti, A. Rossa, A. Temnasco, ca. 5 Std. Zum Monte Legnone, über Robustello, Alpe Rossa, Alpe Temnasco, Punta dei Merli, Ric. Cà de Legn, 6 Std. Zum Monte Legnone, über Robustello, Fontanedo, Rif. Scoggione, 5.45 Std. Còlico ist auch der nördliche Endpunkt des Weges Viandante, eines bedeutenden historischen Pfades, der von Abbadia Lariana ausgeht.

CÒSIO VALTELLINO

Gde. (C 8), Prov. Sondrio, Einw.: 4990, Höhe: 207/2267 m, Postltz.: I-23013. **Auskunf:** Municipio (Gemeindeamt) Còsio Valtellino. **Bahnstation:** Còsio Valtellino.

Die Dörfer der Streugemeinde Còsio Valtellino liegen am Fuße der Veltliner Bergwelt auf der hydrographisch linken Seite des Adda, nicht weit vom wichtigen Veltliner Zentrum Morbegno entfernt. Das Dorf hatte im Mittelalter große Bedeutung, denn es war Mittelpunkt einer mächtigen Grafschaft. Heute bilden mehrere kleine Industriebetriebe zusammen mit dem Ackerbau und der Viezucht die Grundlage der Wirtschaft.

Sehenswert im Ort und in der Umgebung
Die **Pfarrkirche S. Ambrogio** mit interessanten Holzskulpturen und Gemälden im Inneren. In der Ortschaft Sacco das **Museum des "Homo Salvadego"**, ein altes Landhaus mit Abbildungen des Uomo Selvatico (Wilder Mann), ein wahres Symbol der Bergkultur.

Spazierwege und Bergtouren
Zum M. Pecoraro, 1714 m, über Malanotte, Masonaccia, A. Tagliata, A. Piazza, 5/6 Std. Zur A. Tagliata, Wanderweg über Bagni dell'Orso, ca. 4 Std. Zum M. Olano, 1702 m, man folgt dem vorhin beschriebenen Weg bis zur A. Tagliata, dann zum Ziel, ca. 6 Std.

DELÈBIO

Gde. (B 8), Prov. Sondrio, Einw.: 2755, Höhe: 218 m, Postltz.: I-23014. **Auskunft:** Municipio (Gemeinde) Delèbio. **Bahnstationn:** Delèbio.

Fährt man auf der Staatstraße vom Silfserjoch in Richtung Sondrio, ist Delèbio der erste größere Ferienort, dem man begegnet. Die Ortschaft liegt an der Einmündung des Val Lesina in das Addatal und dehnt sich zwischen der Staatsstraße und den letzten nordöstlichen Ausläufern des M. Legnone aus. Das Gebiet des Val Lesina ist im Schutzgebiet des Parco delle Orobie Valtellinesi eingeschlossen. Heute blüht die Wirtschaft des Ortes aufgrund seiner Industriebetriebe, aber auch die Viehzucht und der Ackerbau sind bedeutende Erwerbsquellen. Delèbio hatte bereits in der Vergangenheit große wirtschaftliche Bedeutung: die ersten Industriebetriebe und das Handwerk reichen bis in das 16. Jh. zurück.

Sehenswert im Ort und in der Umgebung
Die **Pfarrkirche S. Carpoforo** ist ein Gebäude aus dem 15. Jh.; im Inneren befinden sich sehenswerte Gemälde und Kunstwerke. Das **Oratorium S. Giuseppe** (17. Jh.). Das **Oratorium S. Gerolamo**, eine Anlage aus dem 18. Jh. mit interessanten Fresken im Inneren. Der **Peregalli-Palast** (um 1700). Das **Oratorium S. Rocco** aus dem 18. Jh. Die **Kirche S. Domenica** ist eine Erweiterung einer Kapelle aus dem 15. Jh.

Spazierwege und Bergtouren
Siehe KOMPASS Wanderkarte, Blatt Nr. 105 "Lecco-Valle Brembana". Zur Alpe Legnone, 1690 m, Wanderweg über Piazzo Minghino, Piazza Calda, C. della Piode, ca. 5 Std.

GORDONA

Gde. (B 5), Prov. Sondrio, Einw.: 1637, Höhe: 283 m, Postltz.: I-23020, **Auskunft:** Municipio (Gemeindeamt) Gordona. **Bahnstation:** Chiavenna (4 km).

Der Ortskern von Gordona liegt am oberen linken Rand des Piano di Chiavenna gleich unterhalb der Einmündung des Crezzabaches in den Mera. Westlich der Ortschaft zweigt das Valle della Forcola in Richtung Alpenhauptkamm und Staatsgrenze ab. Die Täler Bodengo und Pilotera laden zu erholsamen Wanderungen ein.

Sehenswert im Ort und in der Umgebung
Der **Wassertall** des Boggiaflusses, dessen Umgebung sich für Canyoning eignet. Der **Torre di Signame**, ein Bauwerk aus dem 9. Jh.: strategischer Stützpunkt, der ein umfassendes Panorama des gesamten Valchiavenna bietet. Die **Pfarrkirche S. Martino** (mit wertvollen, geschnitzten Beichtstühlen und einer Orgelanlage).

Spazierwege und Bergtouren
Zum Torre di Signame, 655 m, ca. 1 Std. Zur Alpe Cima, 1875 m, von Alpe Orlo (über die Straße, die nördlich der Ortschaft Gordona wegführt, erreichbar), Saumpfad bis Cermine, dann Wanderweg bis zum Ziel, 2 Std.; von dort zum Passo della Forcola, 2227 m, insgesamt 4 Std. Zum Lago Piodella, 2202 m, von Donadivo bis zur Alpe Orlo, dann auf einem Wanderweg des Val Pilotera bis zur Alpe Piodella und weiter zum See, ca. 4 Std. Von hier kann man über die Forcella di Strem im Val Bodengo bis Donadivo talwärts wandern (Tagestour). Zum Lago di Darengo, 1781 m, von Bodengo über den Passo della Crocetta, 2201 m, ca. 3.30 Std. Zum Bivacco del Ledù B. Petazzi, 2248 m, von Pra Pincè über A. Garzelli, A. Campo, Bocchetta del Cannone, 2260 m, ca. 4 Std.

MADESIMO

Gde. (A 2), Prov. di Sondrio, Einw.: 585, Höhe: 1560 m, Postltz.: I-23024, **Auskunft**: Azienda di Promozione Turistica Madesimo, Consorzio Turistico Valchiavenna. **Bahnstation**: Chiavenna (19 km). **Bergbahnen** (auch im Sommer in Betrieb): unterirdische Seilbahn "Sky Express" von Campodolcino bis Motta, Seilbahnen, Sessellifte, Skilift.

Madesimo ist ein erstklassiges Wintersportzentrum in diesem Abschnitt der Alpen und zählt zu den meistbesuchten und bestausgestatteten Wintersportzentren der Lombardei. Die Ortschaft liegt geographisch gesehen sehr günstig inmitten einer wunderbaren Landschaft in dem vom Scalcoggiabach entwässerten Tal. Ausgedehnte Wiesen, die von tiefgrünen Nadelwäldern umrahmt werden, umgeben die Siedlung; ringsum ragen die hohen, beeindruckenden Bergriesen empor. Wegen der hohen Qualität seiner Infrastrukturen sowohl zur Erholung als auch zur Ausübung der verschiedensten Wintersportarten, ist Madesimo ein bevorzugtes Ziel für Sportbegeisterte. Im Sommer eignet sich der Ort hervorragend für Ferienaufenthalte und bietet den Erholungssuchenden die Möglichkeit, sich mit schönen Wanderungen in der einladenden und freundlichen Bergwelt zu regenerieren. Seit dem 17. Jh. ist Madesimo wegen seiner Thermalquellen bekannt; sogar der Dichter G. Carducci, der zur Jahrhundertwende mehrere Male zur Sommerfrische in Madesimo weilte, schwor auf die heilende Wirkung dieser Gewässer.

Sehenswert im Ort und in der Umgebung
Die **Pfarrkirche Santi Pietro e Paolo** von Madesimo ist ein moderner Bau, bemerkenswerte Architektur. Das Gasthaus **Osteria Vecchia**, im Jahr 1781 errichtet, ist ein schönes Beispiel alpiner Bauweise. Hier konnte sich unter anderem die typische "stüa" (Stube) erhalten; in diesem Raum verbrachte auch der Dichter Giosuè Carducci gerne seine Abende, wenn er im Sommer in Madesimo weilte. Der **Wasserfall von Pianazzo** mit seinem Sprung von 180 m, im gleichnamigen Ortsteil gelegen, wo sich auch das Gemeindeamt befindet.

Spazierwege und Bergtouren
Nach Motta und zum Lago Azzurro, 1853 m, von Madesimo ca. 40 Min. Zur Alpe Andossi, 1870 m, 45 Min. Zum Lago Emet, 2144 m, und zum nahen Rif. Bertacchi auf einem Wanderweg, der durch das Tal des Wildbachs Scalcoggia verläuft, 1.30 Std. Zur Alpe Angeloga, 2039 m, und zum nahen Rif. Chiavenna, 2.15 Std. Zum Pizzo Groppera, 2948 m, durch den "Canalone", ca. 3 Std. (auch mit der Seilbahn). Historischer Weg des Cardinello von Isola, 1268 m, nach Montespluga, 1908 m, ca. 3.15 Std: Dieser Weg gehört zu den Kulturwanderstrecken der Via Spluga, die Chiavenna (Italien) über den Splügenpass durch eine alte, bereits in römischer Zeit begangene Trasse mit Thusis (Schweiz) verbindet.

MELLO

Gde. (C 8), Prov, Sondrio, Einw.: 965, Höhe: 681 m, Postltz.: I-23010. **Auskurrft:** Municipio (Gemeindeamt) Mello. **Bahnstation:** Morbegno (8 km).

Die Ortschaft Mello liegt im unteren Veltlin auf den Anhöhen, die sich zur hydrographisch rechten Seite des Adda erheben. Sie war einmal ein blühendes Zentrum mit vielen herrschaftlichen Ansitzen, die aber allmählich zerfielen. Die lokale Wirtschaft wird heute von der weiten Verbreitung der Viehzucht und des Ackerbaus geprägt. Industrie und Handwerk sind kaum vorhanden; ein Großteil der Bevölkerung ist daher gezwungen, zur Arbeit in die größeren Orte des Tales zu pendeln. Vor langer Zeit gaben Siedler, die aus Mello kamen, einem der kleinen Seitentäler im Val Màsino den Namen "Val di Mello".

Sehenswent im Ort und in der Umgebung
Die **Pfarrkirche S. Fedele**; der heutige Bau stammt aus dem 17. Jh. Im Inneren gibt es interessante Fresken zu bewundern.

Spazierwege und Bergtouren
Von Poira (bis dorthin mit Kfz.) zum Bivacco Bottani-Cornaggia (s. dort), auf Wanderweg, ca. 4 Std.

MESE

Gde. (B 5), Prov. Sondrio, Einw.: 1650, Höhe: 274 m, Postltz.: I-23020. **Auskunft:** Municipio (Gemeindeamt) Mese. **Bahnstation:** Chiavenna (2 km).

Die Ortschaft liegt auf der rechten Seite des Meraflusses, mit Sicht auf den Piano di Chiavenna; sie wird von den Zubringern Liro und Rossedo umschlossen. An dieser Stelle verengt sich das Tal sehr stark, es öffnet sich dann weiter im Süden zum Piano di Chiavenna, weiter im Norden liegt das Becken, in dem - am Zusammenfluss der Täler Bregaglia und San Giacomo - die Stadt Chiavenna liegt.

Auf der gegenüberliegenden Talseite befinden sich die verstreuten Fraktionen der Gemeinde Prata Camportaccio.

Sehenswert im Ort und in der Umgebung

Die **E-Werk Zentrale**, in der die Wasserkraft der großen Staubecken im Valle S. Giacomo genutzt wird. Die **Pfarrkirche S. Vittorio** mit interessanten Kunstwerken im Inneren.

Spazierwege und Bergtouren

Nach Cigolino, 1165 m, Wanderweg über Prevel und Albareda, ca. 2.30 Std. Siehe auch unter Gordona und Chiavenna.

MORBEGNO

Gde. (C 8), Prov. Sondrio, Einw.: 10.765, Höhe: 262 m, Postltz.: I-23017, **Auskunft:** Consorzio Turistico Porte di Valtellina, Morbegno, **Bahnstation:** Morbegno.

Morbegno gilt, bedingt durch seine Ausdehnung, seiner Bevölkerungsentwicklung und durch die industrielle Bedeutung, als zweitgrößtes Zentrum des Veltlinertales. Die Ortschaft ist für die benachbarten Gemeinden ein anziehendes Zentrum. Das Städtchen dehnt sich im unteren Veltlin wie ein Ölfleck aus, wo es auf einem Schwemmkegel an der Einmündung des Valle del Bitto liegt, das vom gleichnamigen Bach entwässert wird. Letzterer sucht sich seinen Weg tief und kurvenreich zwischen felsigen Schluchten. Der Ursprung von Morbegno liegt im Dunkeln; einige Forscher nehmen an, dass es sich um sehr weit zurückreichende ligurische Siedlungen handle. Vielleicht war der Ort Sitz eines römischen "Castrum", bevor er im Mittelaiter beachtliche Bedeutung erlangte. Die erste Nennung von "Morbinium" stammt aus dem 12. Jh.; das Städtchen entwickelte sich in der darauffolgenden Zeit sehr rasch und wurde auch befestigt; gleichzeitig schuf man eigene Statuten für eine weitreichende Autonomie.

Später wurde Morbegno von den "Comasken" unterworfen, dann von den Visconti, und schließlich erfuhr die Stadt dasselbe Schicksal wie das übrige Veltlin (siehe unter dem Kapitel Geschichte). Heute ist Morbegno ein florierendes industrielles Zentrum mit einem sehr gut entwickelten tertiären Bereich; in nächster Umgebung wird auch Viehzucht, Ackerbau und Weinbau betrieben. Von diesem bezaubernden Veltliner Städtchen aus kann man zu interessanten Wanderungen auf den Anhöhen der Bergamasker Schieferalpen aufbrechen.

Sehenswert im Ort und in der Umgebung

Das **Kirchlein S. Rocco** aus dem 15. Jh. Die **Statue des Hl. Johannes von Nepomuk** auf der Brücke, die über den Bitto führt. Der **Malacrida-Palast** (18. Jh.). Die **Kirche S. Pietro** (14. Jh.), die interessante Malereien und Gemälde enthält. Der **Palazzo Comunale**

(Gemeindepalast). Die **Kollegiatskirche San Giovanni Battista** (17. - 18. Jh.), auch sie birgt sehenswerte Kunstwerke. Die barocke **Kirche S. Antonio** (18. Jh.) mit interessanten Fresken. Das **Wallfahrtskirchlein der Assunta** (Maria Himmelfahrt), ein Gebäude aus dem 15. Jh. Die **Kapelle della Madonnetta**. Die alte **Pfarrkirche S. Martino**, die im 13. Jh. auf den Überresten eines noch älteren religiösen Baues errichtet wurde.

Das **Museo civico di storia naturale** (Naturhistorisches Museum) beim Palazzo Gualteroni. In Cerido das **Museo del Vino e Torchio** (Museum des Weines und der Pressen).

Spazierwege und Bergtouren
Nach Albaredo per S. Marco, 1098 m, man folgt dem Fahrweg nach Arzo, Campo Erbolo, ca. 3 Std. Nach Bema, 793 m, durch das Valle del Bitto, ca. 2 Std. Zur Ortschaft Campione, 580 m, Wanderweg, ca. 1 Std. Zum M. Pecoraro, 1714 m, über Campione, Sacco, Tagliate, M. Olano, 1702 m, A. Piazza, ca. 5 - 6 Std. Siehe auch KOMPASS Wanderkarte, Blatt Nr. 105 "Lecco-Valle Brembana".

NOVATE MEZZOLA

Gde. (B 6), Prov. Sondrio, Einw.: 1677, Höhe: 212 m, Postltz.: I-23025. **Auskunft:** Municipio (Gemeindeamt) Novate Mezzola. **Bahnstation:** Novate Mezzola.

Oberhalb des nördlichen Ufers des Mezzolasees, wo das herbe Val Codera in das Merabecken einmündet, liegt Novate Mezzola, das ein günstiger Ausgangspunkt für Wanderungen in das Val Codera und in die Hochgebirgswelt am Talschluss desselben ist. In der Umgebung des Ortes gibt es einige Granitsteinbrüche; im Dorf selbst befinden sich verschiedene industrielle Anlagen.

Sehenswert im Ort und in der Umgebung
Die **Kirche S. Fedelino**, um 1000, die am nordwestlichen Ufer des Mezzolasees liegt. Sie gilt als eines der ältesten Bauwerke im Gebiet um Chiavenna und zeichnet sich wegen ihrer architektonischen Eigenheiten und wegen ihrer Kunstwerke im Inneren aus. Die **Pfarrkirche**, Barockstil, enthält interessante Fresken, Gemälde und Stuckarbeiten. Der **Palazzo Giani de Valpo** (ca. 1500). Das **Museo storico etnografico e naturalistico (Heimat- und Naturkundemuseum) des Val Codera,** das 1982 gegründet wurde, befindet sich in Codera im Rif. Locanda Risorgimento.

Spazierwege und Bergtouren
Zu zahlreichen Schutzhütten der Gegend (siehe dort). Ins Val Codera, das den Tourengehern als eines der letzten Alpentäler ohne Straße bekannt ist, Wanderweg, ca. 1.30 Std. Zur Cima del Barbacan, 2598 m, Bergpfad von Codera über Salina, A. Coeder, Averta, ca. 5 Std. Zur Ortschaft S. Giorgio, 748 m, Wanderweg der von der Fahrstraße nach Verceia abzweigt, ca. 1.30 Std. Übergang nach Castasegna in der Schweiz, Bergpfad, über die Bocchetta della Teggiola, 2490 m, dann Abstieg entlang der Staatsgrenze in das Bergelltal, insgesamt ca. 8-9 Std.

PEDESINA

Gde. (C 9), Prov. Sondrio, Einw.: 33, Höhe: 1032 m, Postltz.: I-23010. **Auskunft:** Municipio (Gemeindeamt) Pedesina. **Bahnstation:** Morbegno (11 km).

Das kleine Zentrum Pedesina im Veltlinertal (es handelt sich um die Gemeinde mit der geringsten Einwohnerzahl der Provinz Sondrio) ist vor allem wegen der großen landschaftlichen Schönheiten und seiner noch sauberen und gesunden Luft nennenswert. Pedesina ist Ziel von Touristen, vor allem Wanderer; das Dorf liegt im oberen Tal des Bitto di Gerola; von dort bietet sich einer der schönsten Ausblicke auf das Veltlin und auf die Disgrazia-Gruppe. In der Vergangenheit blühte hier das Textilhandwerk, heute lebt das Dorf vom mäßigen, aber konstanten Fremdenverkehr, sowie von den Tätigkeiten, die mit der Nutzung der großen Weideflächen im Gemeindegebiet zusammenhängen.

Sehenswert im Ort und in der Umgebung
Die **Kirche S. Croce di S. Antonio** aus dem 16. Jh. enthält interessante Gemälde. Das **Oratorium S. Rocco** (18. Jh.), das in den fünfziger Jahren wiedererbaut wurde mit sehenswertem hölzernen Altarbild.

Spazierwege und Bergtouren
Zum Culinosee, 1940 m, über die Alpe Ciof, weiter über Baita del Prato bis zum Ziel, ca. 3.30 Std. Zum Castello, 1307 m, Wanderweg über Ravizza, ca. 1.30 Std. Siehe auch KOMPASS Wanderkarte, Blatt Nr. 105 "Lecco-Valle Brembana".

PEGLIO

Gde. (A 8), Prov. Como, Einw.: 197, Höhe: 650 m, Postltz.: I-22010. **Auskunft:** Municipio (Gemeindeamt) Peglio. **Bahnstation:** Còlico (21 km).

Peglio ist eine charakteristische Siedlung an den westlichen Abhängen des Sasso Pelo und liegt auf den Mittelgebirgshöhen zur orographisch linken Seite des Tales, das vom Torrente Liro entwässert wird. Die Lage des Dorfes erlaubt wunderbare Ausblicke auf das darunterliegende Gravedona und auf den nördlichen Abschnitt des Lariobeckens. Die Umgebung lädt zu erholsamen und ausgedehnten Spaziergängen ein.

Sehenswert im Ort und in der Umgebung
Die **Kirche S. Eusebio** aus dem 16. Jh. ist mit interessanten Malereien ausgeschmückt.

Spazierwege und Bergtouren
Nach Livo, 675 m, entlang der "Via dei M. Lariani", ca. 30 Min. Zum M. la Motta, 1515 m, Wanderweg nach Bodone und A. Motta, ca. 2.45 Std. Weiter zum M. Duria, 2264 m, Wanderweg über A. Paregna und A. Duria, insgesamt ca. 5 Std. Wanderung nach Gravedona, ca. 1 Std. Zum Rif. il Giovo (siehe KOMPASS Wanderkarte, Blatt Nr. 91 "Lago di Como-Lago di Lugano"); von dort aus sind verschiedene Wanderungen möglich, Bergpfad über Bederia, Nessa, Onedo, Basciarino, dann Aufstieg zum Ziel, ca. 3.30 Std.

PIÙRO

Gde. (B 4), Prov. Sondrio, Einw.: 1913, Höhe: 370/3210 m, Postltz.: I-23020. **Auskunft:** Municipio (Gemeindeamt) Piùro. **Bahnstation:** Chiavenna (2 km).

Die Orte der Streugemeinde Piùro liegen sehr nahe bei Chiavenna, wo der italienische Abschnitt des Val Bregaglia beginnt. Das Tal wird vom Mera entwässert; in der Talsohle liegen ausgedehnte Weingüter. Die höher liegenden Hänge werden von dichten Wäldern bedeckt, die darüber emporragenden Berggipfel enden zumeist als herbe und beeindruckende Felssporne. Die historische und städtebauliche Entwicklung wurde durch eine verheerende Katastrophe, die sich in der ersten Hälfte des 17. Jh. ereignete, sehr stark beeinträchtigt (siehe unter dem Kapitel Geschichte des Veltlin).

Sehenswert im Ort und in der Umgebung

Die **Pfarrkirche** aus dem 17. Jh. zeigt Züge des Barockstils. Das Innere ist reich mit religiösen Gegenständen, wertvollen Skulpturen und Holzschnitzarbeiten ausgestattet und erweckt dadurch die Aufmerksamkeit der zahlreichen Besucher. Der **Acqua-Fraggia-Wasserfall** in der Nähe der Fraktion Borgo Nuovo. Die barocke **Kirche S. Croce** in der gleichnamigen Ortschaft. Die **Villa Vertemate**, ein Bauwerk, das auf die 2. Hälfte des 16. Jh. zurückgeht; sie liegt in der Ortschaft Cortinaccio und birgt interessante Kunstwerke.

Spazierwege und Bergtouren

Wanderung nach Borgo Nuovo von Prosto aus, ca. 30 Min. Nach Cortinaccio, von Prosto ca. 30 Min. Zum Lago dell'Acqua Fraggia, 2043 m, von Borgo Nuovo über Savogno, dann aufwärts durch das Valle dell'Acqua Fraggia, ca. 6 Std. Weiter zum Biv. Chiara e Walter, insgesamt ca. 7-8 Std. Zum kleinen Mottacciosee, ca. 1900 m, Wanderweg von Borgo Nuovo über Prati Ruina, Pradella, A. Tecciali, ca. 5 Std.

SAMOLACO

Gde. (B 6), Prov. Sondrio, Einw.: 2780, Höhe: 199/2452 m, Postltz.: I-23027. **Auskunft:** Municipio (Gemeindeamt) Samolaco. **Bahnstation:** Somaggia (3 km).

Die Ortschaften der Streugemeinde Samolaco liegen am Rande des Piano di Chiavenna, die vom Merafluss entwässert wird. In der Antike wurde die Ortschaft "Summus Lacus" genannt, weil die Fluten des Comosees bis in dieses Gebiet reichten, das dann allmählich durch geomorphologische Aufschüttungsprozesse - bedingt durch das vom Mera herangeschaffte Material - trocken gelegt wurde. Im Gemeindegebiet wird die wertvolle Pferderasse "Samolaco Haflinger" gezüchtet.

Sehenswert im Ort und in der Umgebung

Die antike **Pfarrkirche** in der Fraktion Era ist ein wieder erbautes Gebäude aus dem 18. Jh. Sie enthält interessante Wandmalereien und ist dem Heiligen Andreas geweiht. Die **Pfarrkirche S. Pietro** (Fraktion der Gemeinde Samolaco) ist wegen der wertvollen Holzschnitzereien, die sich im Inneren befinden, sehenswert. Der **Wasserfall Pissarotta** oberhalb der Ortschaft Somaggia. Die typischen "**crotti**", Felshöhlen, die als natürliche Keller zur Aufbewahrung von Wein benützt werden.

Spazierwege und Bergtouren

Zur Alpe Sparavera, 1770 m, von Porettina aus durch das Val Scarione, ca. 6 Std. Zum Signame, 655 m, von S. Pietro, ca. 1 Std. Nach S. Teresa, ca. 1000 m, von S. Pietro, ca. 2 Std. Weiter zur Alpe Manco, 1728 m, Aufstieg über A. Crose, insgesamt ca. 5 Std.

S. GIACOMO FILIPPO

Gde. (B 4), Prov. Sondrio, Einw.: 576, Höhe: 522 m, Postltz.: I-23020. **Auskunft:** Municipio (Gemeindeamt) S. Giacomo Filippo. **Bahnstation:** Chiavenna (3 km).

Das kleine Dorf S. Giacomo Filippo liegt zu beiden Seiten der Passstrasse zum Splügen, in der Nähe der Einmündung des Valle di San Giacomo in das Becken von Chiavenna. Die Talsohle wird vom Liro durchflossen, die felsigen Bergflanken sind von dichten Wäldern bedeckt. Die Ortschaft gilt als wichtiger Ausgangspunkt für Wanderungen in das Valle del Drogo und zum Alpenhauptkamm an der Staatsgrenze.

Sehenswert im Ort und in der Umgebung
Die **Wallfahrtskirche S. Gugliemo** aus dem 14. Jh., die in der ersten Hälfte des 18. Jh. neu erbaut wurde, weist im Inneren sehenswerte Fresken aus dem 18./19. Jh. auf. Die **Pfarrkirche** birgt bedeutende Holzskulpturen und andere sakrale Gegenstände von großem Wert. Die **Liroschlucht**. Der **Wallfahrtsort Gallivaggio** (Ende 16. Jh.). **Almen von Lendine und Avero**. Panorama des gesamten Valchiavenna von den Wiesen des Cigolino und von der Terrasse von Dalo.

Spazierwege und Bergtouren
Zur Ortschaft S. Bernardo, 1099 m, auf der orographisch linken Seite des Valle del Drogo, Wanderweg, ca. 2.15 Std. Zum Passo dell'Alpigia, 2370 m, man folgt zum Teil dem vorhin beschriebenen Weg, dann weiter über S. Antonio und Cuarga, Aufstieg zur Alpe Alpigia, ca. 6 Std.

SOGLIO

Gde. (C 4), Kanton Graubünden, Einw.: 195, Höhe: 1090 m, Postltz.: CH 7610 GR. **Auskunft:** Gemeindeamt Soglio. **Bahnstation:** Chiavenna (14 km).

Der malerische eidgenössische Ort Soglio liegt am Anfang des schweizerischen Bergelltales auf den sonnigen Hängen, die sich am südlichen Talschluss des vom Maira entwässerten Gebietes erheben. Die Ortschaft, die in der Vergangenheit von einem Geschlecht namens Salis-Soglio beherrscht wurde, fällt wegen einiger alter Ansitze und Residenzen auf. Die Umgebung lädt zu erholsamen Spaziergängen, aber auch anspruchsvollen Wanderungen ein.

Sehenswert im Ort und in der Umgebung
Die **reformierte Kirche**, die aus dem 14. Jh. stammt, mit barocker Prägung. Die **Casa Alta** (16. Jh.). Die **Casa Battista** (18. Jh.). **Casa Max** (Ende des 17. Jh.). **Casa Gubert** (16. Jh.). **Casa Antonio** (18. Jh.).

Spazierwege und Bergtouren
Nach Vicosoprano, dem Panoramaweg entlang, ca. 3 Std. Zum Passo della Prasignola, 2724 m, Bergpad über Dair und Leira, ca. 5 Std. Spazierweg nach Castasegna, ca. 1 Std. Zum Calderasee, Bergpfad über den Passo de la Duana, 2694 m, ca, 6 Std.

SÒRICO

Gde. (B 7/8), Prov. Como, Einw.: 1204, Höhe: 201 m, Postltz.: I-22010. **Auskunft:** Municipio (Gemeindeamt) Sòrico. **Bahnstation:** Còlico (9 km).

Die Ortschaft liegt am Nordufer des Comosees, wo der Fluss Mera in den Comosee einmündet. Unter dem geschichtlichen Gesichspunkt muß Sòrico deshalb genannt werden, weil dort zusammen mit Gravedona und Dongo die «Comunità delle Tre Pievi» errichtet wurde. Eine erste Erwähnung erfolgt in einem Dokument aus dem Jahre 851, in dem der Ort sur-ego genannt wird; dieser Name wird verschieden ausgelegt: einige leiten den Namen von Lateinischen "surrigo" ab, was soviel wie "aufgehen", "hervorragen" oder "hervorsprießen" bedeutet. Die Geschichte Sòricos hängt eng mit seiner verbindenden Lage zwischen den Gebieten des Comosees, Chiavennas und des Valtellina zusammen.

Sehenswert im Ort und in der Umgebung
Die **Pfarrkirche S. Stefano** aus dem 15. Jh. wurde zu Beginn des 18. Jh. neu erbaut. An

ihrer Seite steht ein schöner romanischer Turm. Im Inneren befinden sich sehenswerte Gemälde der lombardischen Schule. Die **Kirche dell'Immacolata oder Chiesa Rotonda** (Rundkirche) ist heute ein privates Wohnhaus. Das **Oratorium San Fedelino** ist ein Kleinod der romanischen Architektur; es liegt am Ufer des Mezzolasees, im hintersten Flecken der Gemeinde Sòrico. Es wurde an der Stelle errichtet, wo San Fedele - ein Soldat der thebäischen Region - sein Martyrium erlitt. Die kleine Kirche besteht aus einer quadratischen Halle mit einer nach Osten ausgerichteten Apsis. Einst war sie vollkommen mit Fresken ausgeschmückt, jetzt verbleiben in der Nischenwölbung der Apsis die Fresken des Erlösers, der von Engeln und den beinahe verblichenen Apostelfiguren umgeben ist. Die **Kirche San Miro** ist die Erweiterung der alten Kirche San Michele aus dem 12. Jh. Dort werden die sterblichen Hüllen des Hl. Miro aufbewahrt, ein Eremit, der 1381 starb. Der Bau weist viele Kunstwerke auf. Die letzten Restaurierungsarbeiten brachten interessante Spuren der romanischen Kirche ans Tageslicht. **Torre di Sòrico**, ein Turm, der unter die italienischen Burgen eingereiht wird. Die **Überreste der Festung Fuentes**, die in der Nähe des gleichnamigen Straßendreiecks - einem wichtigen Verkehrsknotenpunkt - liegt. In der Ebene Pian di Spagna befindet sich das gleichnamige **Naturreservat**, das südlich der Alpen die wichtigste Feuchtzone für Vögel und zahlreiche im Aussterben begriffene Amphibienarten ist. Dank des ständigen "Breva"-Windes wird hier intensiv Sport betrieben (Surfen, Segeln, Hängegleiten).

Spazierwege und Bergtouren

Zum M. Berlinghera, 1930 m, teilweise auf der "Via dei Monti Lariani"; von Fordeccia aus steigt man zur Bocchetta Chiaro, 1666 m, auf und erreicht schließlich das Ziel, ca. 5-6 Std. Radwege entlang dem Mera-Fluss und im Naturreservat des Pian di Spagna.

STAMPA

Gde. (C 4), Kanton Graubünden, Einw.: 488, Höhe: 1015 m, Postltz.: CH 7605 GR. **Auskunft:** Gemeindeamt Stampa. **Bahnstation:** Chiavenna (17 km).

Die Ortschaft Stampa im schweizerischen Bergelltal ist ein beliebter Sommerfrischeort. Die landschaftlich schöne und beinahe intakte Umgebung lädt geradezu zum Wandern ein. Das kleine Schweizer Dorf ist als Heimatort der Künstlerfamilie Giacometti bekannt geworden, deren Mitglieder als Maler und Graveure in der 2. Hälfte des 19. Jahrhunderts große Berühmtheit erlangten.

Sehenswert im Ort und in der Umgebung

Die aus dem 16. Jh. stammende **Ciäsa Granda**, in der heute ein Volkskunde- und kunsthistorisches **Museum** mit den Werken der Familie Giacometti untergebracht ist.

Spazierwege und Bergtouren

Nach Borgonovo, auf dem Wanderweg oberhalb des Dorfes, ca. 30 Min. Von Promontogno (bis dorthin mit Kfz.) zur Capanna Sasc Furä, Wanderweg durch das Val Bondasca; ab Laret folgt man den rechts abzweigenden Pfadspuren zum Schutzhaus, ca. 3 Std. Zur Capanna Sciora durch das Val Bondasca, ca. 3.15 Std. Nach Soglio, Wanderweg über Muntac und Pralongh, dann folgt man einem Teil des Panoramaweges, ca. 1.15 Std.

TALAMONA

Gde. (D 8), Prov. Sondrio, Einw.: 4261, Höhe: 285 m, Postltz.: I-23018. **Auskunft:** Municipio (Gemeindeamt) Talamona. **Bahnstation:** Talamona.

Das Zentrum Talamona liegt dicht zusammengedrängt am Fuße des ausgedehnten Schwemmkegels, der von den reißenden Fluten des Roncaiolabaches aufgeschüttet wurde, nicht weit von der bedeutenden Stadt Morbegno entfernt. Die Siedlung breitet sich in einer günstigen geographischen und landschaftlich hübschen Lage aus und genießt die Vorteile eines milden Klimas. Die Bevölkerung arbeitet vorwiegend in der Leichtindustrie, die in Talamona sehr gut vertreten ist. Die ersten Spuren menschlicher Niederlassungen scheinen auf die Etrusker zurückzugehen; auch aus der Bronze- und aus der Römerzeit sind Spuren gefunden worden. Zur Zeit der Langobarden und der Franken war der Ort Sitz des königlichen Hofes; in der Zeit der spätmittelalterlichen Kommunen erhielt er freie Statuten und erlebte daraufhin eine schnelle Entwicklung, die nicht einmal durch die schweren und häufigen Überschwemmungen aufgehalten werden konnte.

Sehenswert im Ort und in der Umgebung
Die **Pfarrkirche S. Maria Nascente** (Maria Geburt), die in der ersten Hälfte unseres Jahrhunderts auf den Überresten eines antiken Sakralbaus errichtet wurde. Im Inneren befinden sich sehenswerte Kunstwerke. Das **Oratorium S. Giuseppe** aus dem 17. Jh. mit einem interessanten Marmoraltar. Das **Wallfahrtskirchlein Madonna delle Grazie**. Die **Kirchen S. Carlo, S. Gerolamo, S. Gregorio Taumaturgo, S. Giorgio in Premiana**. Einige **alte Gebäude** in der Ortschaft Case Giovanni.

Spazierwege und Bergtouren
Nach Case Giovanni, 419 m, Wanderweg von Cà Cerri über S. Gerolamo, 45 Min. Spazierweg nach Morbegno, 262 m, 30 Min. Rundwanderung nach Tàrtano, 1210 m, über S. Gerolamo, Dondone, Frasnino, Postareccio; Rückkehr über C. Fognini, Passo del Pisello, 1979 m, S. Giorgio, Case Giovanni, insgesamt ca. 12 Std. Siehe auch KOMPASS Wanderkarte, Blatt Nr. 105 “Lecco-Valle Brembana”.

TÀRTANO

Gde. (D 9), Prov. Sondrio, Einw.: 262, Höhe: 1210 m, Postltz.: I-23010. **Auskunft:** Municipio (Gemeindeamt) Tàrtano. **Bahnstation:** Morbegno (21 km).

Der Veltliner Ort Tàrtano ist eine vorwiegend bäuerlich geprägte Siedlung und liegt genau an dem Punkt, an dem sich das Valle di Tàrtano mit dem Valle Lunga und dem Val Corta vereinen. Die Landschaft, die den Rücken des Bergamasker Schiefergebirges umgibt, ist rau und herb, aber dennoch reizvoll. Die Umgebung bietet herrliche Aussichtspunkte und die Bergfreunde können erholsame Wanderungen unternehmen.

Sehenswert im Ort und in der Umgebung
Die **Pfarrkirche S. Barnaba**, wurde im 16. Jh. erbaut und in der ersten Hälfte des 17. Jh. seiner Bestimmung übergeben; sie wurde in jüngster Zeit restauriert. Im Inneren befinden sich bedeutende Kunstwerke. Das **Oratorium der Vergine del Rosario** (Rosenkranzjungfrau).

Spazierwege und Bergtouren
Zum M. Gavet, 2318 m, Wanderweg, zuerst durch das Val Corta, dann durch das Val di Lemma, Aufstieg bis oberhalb der C.ra di Lemma Bassa, 1691 m, ca. 4 Std. Zum Passo del Pisello, 1979 m, Wanderweg der durch das gleichnamige Tal führt, ca. 3 Std. Auf den Passo di Tàrtano, 2108 m, durch das Valle Lunga über das Rif. Arale, ca. 3.30 Std. Übergang nach Foppolo, 1508 m, man folgt zum Teil dem vorhin beschriebenen Weg;

Abstieg durch das Val dei Lupi, nachdem man den Passo di Porcile, 2250 m, überwunden hat, ca. 5-6 Std. Siehe auch KOMPASS Wanderkarten, Blatt Nr. 104 "Foppolo-Valle Seriana" und Blatt Nr. 105 "Lecco-Valle Brembana".

TRAONA

Gde. (C 8), Prov. Sondrio, Einw.: 2187, Höhe: 252 m, Postltz.: I-23019. **Auskunft:** Municipio (Gemeindeamt) Traona. **Bahnstation:** Còsio (2 km).

Die Siedlung Traona liegt auf einem Schwemmkegel auf der hydrographisch rechten Seite des Adda an der bergwärts liegenden Seite der Straße, die am Fuße der Rätischen Alpen entlang führt. Schon im Mittelalter war sie autgrund ihrer günstigen strategischen Lage an einer wichtigen überregionalen Verkehrsverbindung ein blühendes Zentrum. Traona war zunächst Lehensgut der Vicedomini, dann wurde der Ort von den Visconti unterworfen; gegen diese Herrschaft rebellierte dann die Bevölkerung in der 2. Hälfte des 14. Jh. Nachfolgend erlebte auch Traona nicht ohne Schaden dasselbe Schicksal wie die anderen Veltliner Gemeinden.

Sehenswert im Ort und in der Umgebung

Die **Kirche S. Colombano**, ein Gebäude aus dem 16. Jh., das später umgebaut wurde; das einfache Kirchenschiff ist mit Fresken und Gemälden versehen. Der **Parravicini-Palast** (18. Jh.). Das **Oratorium S. Ignazio di Loyola** mit interessanten Malereien und Gemälden, die Szenen des Kreuzweges Christi darstellen. Einige **Patrizierhäuser**, die auf das 16.-18. Jh. zurückgehen. Die erzpriesterliche **Kirche S. Alessandro**, 15. Jh. wurde zu einem späteren Zeitpunkt erweitert und enthält künstlerisch wertvolle Werke. Die **Ruinen des Schlosses von Domofole** in der Nähe der Straße nach Mello.

Spazierwege und Bergtouren

Nach Mello, bergwärts auf einem Pfad zuerst nach S. Giovanni, dann abwärts über Poira di fuori, ca. 4 Std. Zur Ortschaft Prati Bioggio, 1258 m, Wanderweg über Bioggio, ca. 3 Std.

VAL MÀSINO

Gde. (D 6), Prov. Sondrio, Einw.: 960, Höhe: 700/3678 m, Postltz.: I-23010. **Auskunft:** Municipio (Gemeindeamt) Val Màsino. **Bahnstation:** Ardenno (10 km).

Die Fraktionen der Streugemeinde Val Màsino liegen im nördlichen Abschnitt des gleichnamigen Tales, das vom Màsinobach durchflossen wird, und in dessen Seitentälern, die bis zum Fuße der Felsbastionen der Rätischen Alpen, die die Grenze zur nahen Schweiz bilden, vordringen. Es ist ein von herber Schönheit geprägtes Gebirgstal, das viele landschaftliche Reize zu bieten hat. Ruhige und erholsame Aufenthalte sind in den malerischen Weilern und Dörfern jederzeit möglich und besonders für Wanderer und Alpinisten auch sehr abwechslungsreich.

Sehenswert im Ort und in der Umgebung

Das **Museo Etnografico Naturalistico** (Heimat- und Naturkundemuseum), 1990 gegründet, mit Abteilungen für Vögel, Mineralien und Volkskunde. Die **Thermalquellen** im Ort Bagni del Màsino.

Spazierwege und Bergtouren

Alle Wanderungen und Bergtouren auf die Berggipfel am Alpenhauptkamm erfordern eine beachtliche alpinistische Erfahrung oder die Begleitung eines Führers. Für Wanderungen zu den zahlreichen Schutzhütten dieser Region siehe das entsprechende Kapitel.

VERCEIA

Gde. (B 7), Prov. Sondrio, Einw.: 1166, Höhe: 200 m, Postltz.: I-23020. **Auskunft:** Municipio (Gemeindeamt) Verceia. **Bahnstation:** Verceia.

Die Ortschaft liegt nicht weit vom östlichen Ufer des Mezzolasees entfernt, nahe der Einmündung des Valle dei Ratti. Verceia ist ein günstiger Stütz- und Ausgangspunkt für Wanderer und Kletterer, die jene Berggipfel erklimmen wollen, die sich im Talschluss des Valle dei Ratti erheben. Bei Verceia gab es im Herbst des Jahres 1848 bewaffnete Auseinandersetzungen zwischen den patriotischen Widerständlern des Risorgimento und dem habsburgischen Militär unter dem Oberbefehl von Haynau.

Sehenswert im Ort und in der Umgebung
Die **Gedenktafel** an die Kämpfe während des Risorgimento. Der nahe **Mezzolasee**.

Spazierwege und Bergtouren
Zum Weiler Foppaccia, 1044 m, Wanderweg in ca, 2 Std. Zum M. Culmine, 1818 m, Wanderweg von S. Fedele über Castelletto, Lavazzo, ca. 5 Std. Übergang nach Cataeggio in Val Màsino, auf dem Weg "Sentiero Italia", der durch das Valle dei Ratti, dann über den Passo di Primalpia, 1476 m, führt; Abstieg zum Ziel über Casera Spluga, insgesamt ca. 10-11 Std.

VICOSOPRANO

Gde. (D 4), Kanton Graubünden, Einw.: 393, Höhe: 1067 m, Postltz.: CH 7603 GR. **Auskunft:** Gemeindeamt Vicosoprano. **Bahnstation:** Chiavenna (19 km).

Diese Ortschaft ist das Hauptzentrum des schweizerischen Bergelltales; sie liegt am Zusammenfluss des Albignabaches mit dem Mairafluss. Vicosoprano ist ein gut besuchter Ferienort und bietet viele Wandermöglichkeiten. Im Süden des Dorfes erheben sich die Felswände des Grenzkammes, der sich vom Piz Badile bis zur Cima di Castello erstreckt; die Berggipfel werden von glitzernden Gletschern umschlossen.

Sehenswert im Ort und in der Umgebung
Der **Palazzo Municipale** (Rathauspalast) aus dem 16. Jh.; an seiner Seite steht ein runder Turm aus dem 13. Jh. Das **Staubecken von Albigna**, das durch einen riesigen Damm aufgestaut wird. Die **Ruinen des Schlosses von Turratsch** (um 1100) bei Casaccia an der Straße zum Malojapass.

Spazierwege und Bergtouren
Zum Lago da l'Albigna, steiler Bergpfad, ca. 3.30 Std. Zur Capanna da l'Albigna, Bergpfad, ca. 4 Std. Nach Soglio auf dem Panoramaweg, ca. 2.30 Std. Zum Lago da La Duäna, 2466 m, Wanderweg durch Plan Lo, Val da Cam, dann folgt man den links abzweigenden Pfadspuren, ca. 7 Std. Nach Casaccia, auf dem Panoramaweg, ca. 1.30 Std.

VILLA DI CHIAVENNA

Gde. (BC 4), Prov. Sondrio, Einw.: 1116, Höhe: 633 m, Postltz.: I-23029. **Auskunft:** Municipio (Gemeindeamt) Villa di Chiavenna. **Bahnstation:** Chiavenna (7 km).

Die Orte, die zur Gemeinde Villa di Chiavenna gehören, liegen in der breiten Talsohle des italienischen Val Bregaglia, nicht weit von der Staatsgrenze entfernt. Die Weinkulturen vermischen sich mit den Kastanienwäldern, die an den Hängen des Tales gedeihen; darüber ragen die Felswände des Pizzo Galleggione empor; auf der gegenüberliegenden Seite hingegen stechen die Felsgipfel des M. Conco und der Cima di Codera deutlich hervor. In der Nähe des Dorfes wird das Wasser des Merabaches in einem künstlich angelegten Becken aufgestaut, das zum Betrieb einiger hydroelektrischer Anlagen dient. Die Umgebung lädt zu angenehmen Spaziergängen und zu wunderbaren Wanderungen ein.

Sehenswert im Ort und in der Umgebung
Die **Pfarrkirche** sollte wegen ihrer zahlreichen Kunstwerke besichtigt werden; sie ist den Heiligen Sebastian und Fabian geweiht und wurde in der 2. Hälfte des 15. Jh. erbaut und im 18. Jh. umgebaut. **S. Barnaba**, ein Sakralbau aus dem 15. Jh., der in der Barockzeit grundlegend umgestaltet wurde. Im Inneren Reste von Wandmalereien aus dem 16. Jh.

Spazierwege und Bergtouren
Zum Bivacco Chiara e Walter am Passo di Lei; Wanderweg über Savogno und ab dort Aufstieg durch das Valle dell'Acqua Fraggia, schließlich steil bergwärts zum Passo di Lei, 2660 m, in dessen unmittelbarer Nähe sich das Biwak befindet, insgesamt ca. 6-7 Std. Spaziergang nach Borgo Nuovo (Piùro) über Savogno und Dasile, ca. 2.30 Std. Nach Rossaccio, 1851 m (oberes Val Vertura), Wanderweg über Canete, Scalotta, Tabiadascio und Pian Rossaccio, ca. 4 Std. Weitere Wanderungen siehe auch unter Piùro, Chiavenna und Castasegna.

Texte: Giuliano Valdes

Titelbild Karte: Val Bregaglia/Soglio (Marka srl)
Verlagsnummer: 92; Auflage: 07.11a
ISBN 978-3-85491-099-2

Kaplanstraße 2, 6063 Rum/Innsbruck, Österreich
Fax +43 512 265561-8
kompass@kompass.at
www.kompass.at